ESTER BEZERRA

MINHA HISTÓRIA

A DAMA DA FÉ

ESTER BEZERRA

MINHA HISTÓRIA

A DAMA DA FÉ

Planeta

Preparação: Luciana Paixão
Revisão: Carmen T. S. Costa, Maria Aiko Nishijima e Carla Fortino
Diagramação: Vivian Oliveira
Capa: Desenho Editorial
Imagens de capa: © Demétrio Koch
Fotos de miolo: Demétrio Koch, Lumi Zúnica, Arquivo Pessoal e Cedoc/Unipro

Colaboração: Raissa Lima Tavolaro, Karla Dunder, Leandro Cipoloni e Giovanni Oliveira

Agradecimentos: Cristiane Cardoso, Viviane Freitas, Renato Cardoso, Júlio Freitas, Clodomir Santos, Fátima dos Santos, Marilene Silva, Nanda Bezerra, Solange Guimarães, Vagner Silva, Marla Dedone, Giovanna e Júlia Tavolaro.

CIP-BRASIL. CATALOGAÇÃO NA PUBLICAÇÃO
SINDICATO NACIONAL DOS EDITORES DE LIVROS, RJ

B469d

Bezerra, Ester
A dama da fé: os segredos da mulher que transformou a vida de Edir Macedo / Ester Bezerra, Douglas Tavolaro. - 1. ed. - São Paulo : Planeta, 2016.

ISBN 978-85-422-0679-1

1. Bezerra, Ester. 2. Mulheres - Brasil - Biografia. I. Tavolaro, Douglas. II. Título.

16-35003
CDD: 920.72
CDU: 929-055.2

2016 C
Todos os direitos desta edição reservados à
EDITORA PLANETA DO BRASIL LTDA.
Rua Padre João Manuel, 100 – 21º andar
Ed. Horsa II – Cerqueira César
01411-000 – São Paulo-SP
www.planetadelivros.com.br
atendimento@editoraplaneta.com.br

Ao Espírito do Altíssimo que,
nas horas mais amargas da minha vida,
me sustentou e me fez chegar até aqui.

SUMÁRIO

INTRODUÇÃO

Tempo de confidências

Sou uma mulher de poucas palavras. Sempre fui. Minhas aparições em público limitam-se quase o tempo todo a acompanhar meu marido em seus compromissos no Brasil e pelo mundo. Foi assim ao longo dos últimos quarenta anos, período de vida da Igreja Universal do Reino de Deus a ser completado em 2017. Das pregações solitárias no coreto e na funerária até os eventos com multidões em estádios de futebol e as prestigiadas solenidades no Templo de Salomão, eu vivi tudo intensamente com discrição. Tenho prazer nesse papel de fiel companheira. Mas agora, aos 66 anos, decidi escrever sobre como o papel da mulher é tão fundamental quanto o do homem, sem precisar impor suas vontades, inferiorizar o sexo masculino ou até mesmo aparecer tanto. Decidi revelar minhas memórias. Contar detalhes do que jamais disse, não só para provar a dimensão de Deus em minha vida, mas também para mostrar o que Ele é capaz de fazer através de uma mulher comum como eu.

Não foi uma missão fácil. Tocar em antigas feridas, expor minhas fragilidades, reconhecer erros, desvendar minha intimidade como nunca pensei fazer, expressar meus pensamentos sem restrições. Colocar tudo isso no papel demonstrou-se mais difícil do que eu imaginava. *A dama da fé* é um livro de narrativas autêntico e carregado de sinceridade. Os que esperam encontrar aqui uma supermulher, dotada de qualquer tipo de capacidade extraordinária, vão se decepcionar. Também sou uma pessoa sujeita às mais diferentes fraquezas.

Escrevi parte dos capítulos fora de sequência, de forma temática, para sublinhar minhas experiências espirituais. Não é uma simples retrospectiva nem segue uma rigorosa linha do tempo. A série de reflexões descortina-se conforme desenvolvo meus relatos de vida, procurando conduzir o leitor a uma edificante viagem no tempo em busca de conhecimento.

São passagens nunca antes esmiuçadas sobre o meu casamento – e não apenas os instantes de doçura e harmonia –, os dilemas enfrentados no meu íntimo, as lições aprendidas como filha, esposa, mãe e avó, o papel da mulher dentro e fora da Igreja. Destaco a importância do projeto de socorro a milhões de mulheres, coordenado atualmente por nós, talvez um lado desconhecido do grande público. E começo este mergulho ao passado pelo ponto de partida de tudo: o exato momento do meu primeiro encontro com Edir e a nossa caminhada até o tão sonhado "sim" no altar.

As dores fizeram parte da construção de quem sou hoje. E conto tudo pela primeira vez sob o meu ponto de vista. A mãe que chora o nascimento da filha com uma deficiência. O flagelo de quem padeceu, sem murmurar, para manter a família de pé enquanto o parceiro lutava desde o início pelo resgate dos aflitos. A companheira que lamenta o marido, pastor, rejeitado. Os sacrifícios durante o crescimento da Igreja para ser o suporte necessário ao esposo, mesmo quando seus limites eram ultrapassados. Os espinhos de viver isolada, longe de parentes e amigos, com saudade da terra natal. A decepção pela intolerância de quem se esperava aceitação e acolhimento. A tristeza de cometer faltas como mãe. A amiga conselheira que convive com a saudade das filhas. A avó que torce pelos netos distantes. A angústia pela perda dos pais. A esposa leal que enfrenta o preconceito, a humilhação e os ataques contra a honra de seus entes queridos.

E o que prevalece? A mulher de fé que edifica sua casa, dedica-se ao amor da sua juventude e hoje sorri ao se certificar de como o Espírito de Deus a guiou em um caminho de tantas batalhas.

Este livro também vai revelar mais sobre o meu marido, daí a justificativa para o subtítulo: *"Os segredos da mulher que transformou a vida de Edir Macedo"*. Nossa união nos mudou por dentro e por fora. Tivemos um antes e depois da nossa troca de alianças. Edir também é protagonista nos capítulos desta minha travessia, mesmo já tendo revelado sua trajetória no sucesso biográfico *Nada a perder*.

Acompanhei entusiasmada o percurso vitorioso dos livros de memória do meu marido. Não para aparecer ou receber aplausos de multidões, mas porque a nossa história é a história de muitos. Deus honra aqueles que O servem, sempre honrou e sempre honrará. Foi assim que testemunhei a trilogia literária de Edir, lançada com recordes de público em mais de noventa sessões de autógrafos em trinta e quatro países de quatro continentes, com destaque em espaços consagrados como o Salão do Livro de Paris, feiras internacionais do livro nos Estados Unidos e na Espanha, além de livrarias renomadas em Londres, Nova York, Roma, Moscou e outras cidades da Europa, Ásia, África e América Latina.

Mas o que mais me impressionou como sua fã número um foi ver Edir participar pessoalmente apenas de um único evento: o lançamento dentro de um presídio em São Paulo, lado a lado com centenas de detentos. Eu admiro, cada dia mais, o seu empenho contínuo para que sua biografia seja distribuída em comunidades carentes, tribos indígenas e cidades ribeirinhas do Brasil, aldeias e vilas africanas, bairros com minorias excluídas nas nações latinas, centros de recuperação de viciados, abrigos de prostitutas, hospitais e asilos de vários países. Não porque deseja ser conhecido, mas porque a sua história é a prova de que Deus pode transformar a vida de qualquer um.

Esse é o homem com o qual me relaciono vinte e quatro horas por dia, com quem divido a vida há quase meio século e que *A dama da fé* vai abordar de um jeito inédito.

Foram mais de quarenta horas de entrevistas ao nosso leal amigo, o jornalista e escritor Douglas Tavolaro, coautor deste livro e vice-presidente de Jornalismo da Rede Record, que convive conosco há quinze anos. Fundamentei minha narração em arquivos e anotações pessoais, com o auxílio de relatos de antigos pastores e esposas da Igreja, depoimentos de meus filhos e genros, registros e reportagens de época. Em alguns casos, precisei contar somente com a minha memória.

A obra se baseia principalmente nas minhas lembranças e nas de Edir, por isso há uma série de pessoas próximas e anônimas que, involuntariamente, podem estar ausentes, o que não diminui minha gratidão por cada uma delas. Somam-se a isso fotografias e documentos que compõem *A dama da fé*, dois encartes de imagens ligadas ao meu passado e ao presente. Uma composição completa e original da minha vida. Um registro de tudo o que vi e vivi.

O leitor pode se perguntar: mas o que a deixa mais feliz neste momento de imortalizar suas recordações? Uma constatação, acima de tudo: ninguém, nunca, nem hoje nem no futuro, será capaz de afirmar que a minha trajetória é resultado da capacidade de uma mulher. Nenhuma resistiria a tantas pressões. Nenhuma aguentaria firme, calada, tantas dificuldades. Nenhuma viveria tantas conquistas por seus próprios méritos. Uma mulher sozinha jamais idealizaria e construiria, ao lado do marido, tudo o que estava por vir. Sou prova viva da existência do Deus da Bíblia. Essa é a minha maior conquista. Esse é o meu legado.

Obrigada pela oportunidade de dividir a minha história com cada um de vocês, caros leitores. Que o amor, a confiança, o espírito de superação e, sobretudo, a fé, contidos nas páginas deste livro, reflitam em sua vida.

CAPÍTULO 1

Amor para a vida

Encontro sem fim

Não foi amor à primeira vista.

Não aconteceu um momento mágico de paixão repentina como contam as fábulas de romance que nos fazem suspirar. Mas foi um dia impossível de esquecer. Na primeira vez que troquei palavras com aquele rapaz franzino, sorridente, cabelos cheios para o lado, olhos tímidos, mas brilhantes de vigor, não imaginava que começaria ali uma história de fé que mudaria minha vida para sempre.

A igreja permanecia repleta aos domingos, com um intenso vaivém de gente. Era um encontro entre jovens.

– Oi, você é o Edir? – perguntei, discretamente, ao me aproximar dele.

– Sim, prazer... tudo bem?

Um breve silêncio interrompeu a conversa. Ele fitava o olhar fixamente em mim de um modo diferente.

– Olá, eu sou Ester. Minha tia Lydia disse que você dá aula particular de matemática. Estou precisando muito. Será que você pode me ajudar?

Ele parecia não me ouvir.

– Isso mesmo, eu ensino matemática... estou pronto, quando você quiser – respondeu, cortesmente, com o sorriso aberto.

Eu não sabia, mas Edir já me observava nas reuniões de nossa igreja, a Nova Vida, na antiga sede da ABI, a Associação Brasileira de Imprensa, no centro do Rio de Janeiro. Estávamos no outono de 1971.

Eu havia acabado de completar 21 anos e ele, 26. Levava uma vida recatada, dedicada aos estudos e à família, era a grande companheira da minha mãe e, como toda jovem daquela geração, aspirava encontrar o homem dos meus sonhos. Apreciava ser vaidosa, claro, tinha prazer em usar vestidos novos, experimentar bons perfumes e manter o cabelo caprichado, mas buscava sempre a discrição. Aprendi a ser reservada com minha mãe. E foi isso que conquistou Edir sem ao menos eu me dar conta.

Ele recorda que havia me notado pela primeira vez oito anos antes daquele pedido de ajuda para estudar matemática. Eu atravessava o mezanino da igreja quando seu olhar parou em mim, assim como aconteceu quando perguntei a ele se poderia me dar aula. Um pensamento o incomodou naquele instante, como se fosse uma voz afirmando enfaticamente: "É ela. Esta vai ser a sua esposa".

– Na hora eu rejeitei. Eu me lembrei das garotas do interior de Minas Gerais, onde vivi parte da juventude. Naquele tempo, o padrão de beleza que eu tinha em mente era do "mulherão", aquela que atrai a atenção dos homens por onde passa. Estava enganado – relembra Edir.

Embora já dedicado à Igreja, ele ainda não havia tido um encontro pessoal com Deus.

– Tempos depois, quando eu já havia me convertido e procurava uma mulher para dividir a vida, minha irmã Elcy comentou casualmente sobre a Ester. Eu, então, passei a notá-la com mais cuidado. Minha visão era diferente. Tinha me decepcionado com o que os olhos podiam ver, queria alguém que tivesse uma beleza que não se vê. Mesmo achando Ester uma jovem linda, fiquei atraído mesmo pelo seu jeito de ser.

Eu não me recordo desse momento. As minhas lembranças de Edir são da época em que já organizava o trabalho voluntário de evangelização do grupo de jovens. Não era um movimento com gritarias, músicas altas e histerias. Nunca fui dessas coisas. Eu o via de relance. Alguns anos antes, apenas havia feito um comentário rápido sobre ele.

Durante os cultos, às quartas e aos domingos, eu costumava sentar com minha mãe bem atrás, na galeria. E o tempo inteiro reparava em um rapaz franzino que ficava lá no mezanino. Mas o que realmente chamava a minha atenção era a atitude dele. Todas as vezes que o pastor convidava as pessoas para renunciarem à sua vida no Altar, sempre surgia o jovem magrinho.

– Quem deseja entregar a vida para Jesus? – perguntava o pastor.

Lá estava aquele moço novamente com o braço fininho levantado, caminhando para a frente do altar. Essa cena se repetiu muitas vezes. Um dia comentei com minha mãe:

– Eu tenho uma pena daquele rapaz. Ele não consegue entender nada. Não se converte nunca.

Minha mãe não abriu a boca. Apenas sorriu.

Hoje, entendo que Edir estava sedento em buscar um sentido para a sua vida, uma conquista capaz de revolucionar o seu ser por inteiro e transformá-lo em quem se tornou hoje.

Enfim, marcamos a nossa aula de matemática para um sábado, poucos dias depois do momento em que conversamos pela primeira vez. O combinado era ensinar na minha casa. Eu estava recém-formada no curso técnico de contabilidade e desejava muito ser aprovada no concurso público para um emprego no Banerj, o Banco do Estado do Rio de Janeiro, àquele tempo chamado Banco da Guanabara. As vagas eram muito concorridas, por isso me matriculei em um curso preparatório próximo à Avenida Rio Branco, no centro do Rio.

Combinamos de nos encontrar ali para que eu pudesse ensinar o caminho de casa para ele, mais de quarenta minutos de ônibus com destino ao bairro Jardim América, do outro lado da cidade, na região norte. No sábado do nosso encontro, eufórica, comentei com um grupo de colegas do curso que deixaria de ter dificuldades para aprender matemática com as aulas particulares. Ao sair do prédio, no final da manhã, assim que me cumprimentou, Edir logo colocou o braço sobre meus ombros. Para mim e minhas amigas, às quais eu havia acabado de dizer que ele me ensinaria matemática, foi embaraçoso.

– Professor, né? Sei, que professor é esse? – repetiam-se os comentários, bem-humorados, na aula seguinte.

Envergonhada, tirei a mão de Edir do meu ombro e percebi que havia nele outras intenções além de ensinar números e cálculos.

– Você é muito abusado, hein!

Ele retrucou na hora:

– Sou mesmo.

E colocou o braço novamente em mim. Sua determinação e ousadia me agradaram de imediato, foram justamente as qualidades que faltaram no meu relacionamento anterior. E fomos caminhando assim até o ponto de ônibus. Desse minuto em diante, ele segurou as minhas mãos e parecia não querer largar por nada. Eu estava tensa porque meu pai, rígido na educação das filhas, percorria o mesmo trajeto até o ponto de ônibus para fazer pagamentos. Muitas vezes retornávamos juntos para casa naquele horário do sábado.

– Se ele aparecer, eu explico. Pode ficar tranquila – assegurava Edir, já sentado ao meu lado no banco dos passageiros, mantendo sua mão grudada à minha.

Chegamos em casa sem ser notados, para o meu alívio. Minha mãe logo percebeu meu jeito sem graça. Ela e meu pai tinham uma simpatia natural por Edir, mesmo sem conhecê-lo na intimidade, devido ao seu envolvimento com as atividades da igreja. Na sala, diante de apostilas, papéis e calculadora, os números não entravam na minha cabeça. Pensava em tudo o que acontecia, já imaginando como seria aquele moço como meu namorado. Seria ele o homem da minha vida? Como eu poderia me apaixonar por ele se antes nem sequer o tinha notado? Ele teria mesmo um caráter honesto e fiel, capaz de me fazer uma mulher plena? Seria a resposta de Deus para o meu desejo de ser uma esposa feliz?

– Tudo bem, Ester. A gente estuda mais depois – falou Edir, interrompendo a aula.

– Até logo, dona Eunice. Muito prazer em rever a senhora – despediu-se Edir, envolto de simpatia com a minha família.

Logo que retornou para casa, o telefone tocou. Edir foi objetivo, sem rodeios:

– Ester, quero namorar você. Quero muito namorar você. Eu já te vejo há muito tempo. Vou falar com seu pai.

O costume àquela época era iniciar um namoro apenas depois da autorização do pai da moça. Ainda hoje, ensinamos essa virtude para os mais jovens. A Bíblia ensina que os pais têm autoridade espiritual para abençoar a vida dos filhos. A cada atitude de Edir, eu ficava mais impressionada com a certeza de suas decisões. Não havia margem de dúvida para nada. Convicção atrás de convicção. Era uma fé que transbordava certeza.

– Pai, aquele rapaz que me dá aula de matemática quer falar com o senhor. Ele quer namorar comigo – adiantei, antes do culto.

– O Edir? Ele parece um bom moço, filha. Eu o vejo na igreja – me acalmou, emendando outra reflexão:

– Você tem certeza que esqueceu o outro?

– Sim, tenho – respondi, sem titubear.

Edir e eu havíamos acabado de romper relacionamentos anteriores e carregávamos experiências amargas que nos ajudariam a responder a certos questionamentos da alma, como vou contar em detalhes algumas páginas adiante.

A conversa foi rápida. Meus pais autorizaram o namoro. Depois de uma semana, fomos ao cinema sozinhos e ali tivemos o nosso primeiro beijo. Do filme *Love story*, em cartaz naquela tarde tão especial, restou na minha memória apenas o título da sessão. Namoramos o filme inteiro!

Começamos, então, a nos encontrar na igreja e na saída do trabalho dele. Passávamos horas conversando descontraidamente, com ares apaixonados. Queríamos nos ver todos os dias. Eu ia até o centro da cidade, local onde ficava a Loterj, a Loteria do Estado do Rio de Janeiro, empresa em que Edir trabalhava no setor da tesouraria.

Alegres, caminhávamos sem compromissos, buscávamos conhecer mais de perto um ao outro em passeios românticos no parque. As conversas, os desabafos, as confissões, revelavam os pensamentos de cada um. Dois jovens sonhadores, imperfeitos, mas com uma convicção sincera, com seus ideais, medos e diferenças, em busca de um casamento feliz, de uma vida completa. Um afeto puro havia entrado em nós. Parecia que procurávamos um pelo outro fazia tempo e, enfim, havíamos nos encontrado. Para nunca mais nos separarmos.

Em pouco tempo, no entanto, dilemas interiores e conflitos distintos tentariam nos impedir de chegar ao altar. Nossa confiança seria provada.

232 dias exatos

Edir queria tudo rápido. Já nas primeiras semanas de namoro, ele falava em casamento. Eu seguia na mesma perseverança. Cinco meses se passaram quando decidimos anunciar o noivado. Estávamos com planos de casar em dezembro daquele ano. Edir propôs um almoço para a troca de alianças na presença dos nossos pais. As famílias se conheceram mais profundamente nesse dia. O encontro aconteceu em um sábado, na minha casa.

– Eu consagro essas alianças e abençoo a união da Ester e do Edir. Que o caminho deles seja iluminado – orou meu pai, antes da refeição.

Minhas mãos permaneciam um pouco trêmulas quando ele colocou o anel no meu dedo da mão direita. Era um instante único para mim. Edir estava muito feliz, a mesa perfeita. O almoço foi agradável com longas conversas e boas risadas. Durante vários anos, a mãe de Edir, Eugênia Macedo Bezerra, a dona Geninha, como era carinhosamente chamada por todos, recordou daquele encontro e do peixe servido com um sabor inigualável. Eu mesma ajudei a preparar os pratos, incluindo uma apetitosa sobremesa. Queria mostrar meus dotes culinários para ele.

Considerei notável a iniciativa de juntar as famílias em um almoço de noivado. Edir passava uma postura de seriedade, de um homem disposto a um autêntico compromisso e, ao mesmo tempo, cuidadoso com os valores familiares. Isso fez aumentar minha admiração por ele quando ainda nos conhecíamos mais a fundo.

Descobrir a família de Edir foi uma experiência diferente. Eu fui criada em um lar evangélico, no qual meus pais e avós meditavam sobre as palavras da Bíblia conosco, oravam antes das refeições e nos ensinavam a relevância da vida com Deus. Era proibido gritar dentro de casa. O ambiente manso e pacífico do meu lar se chocou com a rotina dos parentes de Edir. Ao frequentar o cotidiano da família dele, me assustei com os irmãos discutindo entre si, ainda na minha presença, como se fosse algo normal. Ouvia dizer que o pai deles era rigoroso e, por isso, foram acostumados a cobranças e conflitos familiares. Eram cenas jamais vistas por mim, nunca havia enfrentado situações semelhantes, o que provocava uma sensação de distanciamento do que realmente eu queria. Confesso que tive receio de entrar para aquela família.

A primeira vez que encontrei dona Geninha, já como namorada de Edir, acabou sendo uma circunstância constrangedora. Desde sempre, ela foi uma mãe inegavelmente presente e protetora dos filhos. Ao final do culto, me parou no corredor para fazer uma indagação curiosa.

– O que você quer com o meu filho? O que você viu nele? – interrogou, diante dos demais fiéis que deixavam o salão.

Eu estava sozinha naquele instante. Acanhada, respondi:

– A gente está se conhecendo ainda. Só estamos namorando.

– Olhe bem, não faça o meu filho sofrer – ela sentenciou.

Semanas depois, acompanhei Edir em uma visita costumeira às suas irmãs. Após o almoço, quando eu já me despedia, uma delas reparou no meu vestido.

– Puxa, você tem um gosto muito diferente. Sua roupa é muito séria, parece de senhora.

Ninguém nunca havia me criticado de forma frontal daquela maneira. O vestido havia sido costurado por minha mãe especialmente para aquele momento.

– Minha irmã é assim mesmo, muito indiscreta. Deixe para lá, Ester – me acalmava Edir, docemente.

Com o passar dos anos, obviamente aprendi a compreender e a lidar com a natureza da família de Edir. Criamos um laço de respeito e amizade que dura até os dias de hoje. Dona Geninha se transformou em uma das maiores admiradoras do nosso casamento e quem mais me apoiava no papel de mãe e esposa. Naquele tempo, porém, eu me abalava com as imagens que presenciava.

Em casa, recolhida a sós, entre pensamentos que vagavam enquanto estava deitada no meu quarto, passei a refletir sobre o nosso namoro. Sentia medo, uma vasta insegurança em como agradar ao meu namorado e à sua família. Por vezes, me considerava incapaz de ser a mulher que todos esperavam. Minha mãe era quem me aconselhava com palavras destemidas o suficiente para me erguerem:

– Minha filha, se acalme. A reação da mãe dele é sinal de que ele é um bom filho. E quando é bom filho, será um bom marido.

Mas aí tive uma outra descoberta que me deixou ainda mais apreensiva: o temperamento tempestuoso de Edir. A princípio, apreciei sua audácia em pequenas atitudes, como a de me abraçar logo no primeiro dia e estar disposto a se apresentar rapidamente aos meus pais, no entanto, o lado forte do seu gênio começou a me atordoar de dúvidas. Eu não estava habituada a comportamentos cercados de imposições. De pronto, me exigiu que não falasse palavrões. Eu nunca tive esse hábito, mas, ainda assim, ele fez questão de ser taxativo:

– Terminei meu último namoro porque a moça falou um palavrão. Apenas um. Então tome cuidado para não soltar um sem querer, hein? – avisou ele. – E nunca me deixe sozinho. Quero você do meu lado o tempo inteiro – completou.

Imaginei que havia certo exagero no pedido, mas era o mais absoluto retrato da realidade. Mesmo na minha casa, eu mal podia ir à cozinha ou ao meu quarto enquanto ele estivesse no sofá da sala. Edir já me olhava aborrecido. Eu precisava estar do lado dele, mesmo se estivesse ocupada. Ele não me dividia com ninguém, nem com meus pais e irmãos. Se me atrasasse dez minutos na hora de encontrá-lo, era bronca na certa.

– Isso não se faz. Eu estou aqui esperando em pé – reclamou ele, certa vez, quando me aguardava na saída do seu emprego, no centro do Rio.

Eu tentava me defender:

– Puxa, mas por dez minutos...

Edir veio do interior do Rio de Janeiro, de uma família numerosa acostumada a enfrentar a dureza do trabalho desde a adolescência, sobretudo os homens. O pai dele os havia criado corretamente, com a mentalidade para superarem os desafios da vida à base da dedicação, da correção e do esforço sem limites. Desde cedo, eu, contudo, não tinha horário para acordar a não ser nos períodos em que estudava pela manhã. Nunca trabalhei porque contava com o apoio financeiro dos meus pais. Além do mais, é natural que ainda fosse emocionalmente imatura. Essa diferença de modos de viver gerou um choque.

– Dona Eunice, por favor, eu não quero que a Ester passe das oito da manhã na cama. Oito horas ela tem de estar de pé – ligava Edir para minha casa, negociando com a minha mãe.

– Isso é esquisito. Se ele está assim como meu namorado, imagine quando casar? Como vai ser, mãe? – desabafava, a sós com ela.

Ao mesmo tempo, Edir me conquistava por suas diversas virtudes. Antes de mais nada, a severidade consigo próprio em sua conduta fiel a Deus. Seu caráter cristão íntegro, a honestidade, o empenho ao trabalho, o apreço aos valores da família e também, não menos importante, a maneira afetuosa como me tratava quando estávamos juntos e por sua determinação em me desejar como esposa. Além do mais, sempre o achei um homem bonito e inteligente. Edir sabia como me fazer feliz.

A data do casamento já estava marcada para 18 de dezembro, oito meses após o início do nosso namoro. Exatos 232 dias após a nossa primeira conversa naquele ano de 1971. Na semana em que as dúvidas me abatiam, resolvi repensar algumas decisões:

– Mãe, acho que vou desistir do Edir. Eu gosto muito dele, mas estou com medo. Ele tem um temperamento muito forte.

– Pense bem, minha filha. Ele é um bom rapaz, mas tome cuidado com essa decisão. Você pode desmanchar um casamento até na hora. Só não pode dar um passo errado. Ore, querida – ela me orientou, com seu tom de voz suave.

Pedi para encontrar Edir no caminho de mais uma reunião da igreja, na região do Aterro da Glória. Estava disposta a desafogar meus receios, mas não me sentia no direito de entristecê-lo. Preferi não comentar sobre minhas dificuldades com o gênio dele.

– Acho que não vou mais me casar com você. Estou com medo. Não sei se é essa a vontade de Deus para a nossa vida.

Edir me ouviu calado. Repentinamente, segurou as minhas mãos com firmeza e, com seu jeito mais do que determinado, respondeu:

– Mas eu tenho certeza! Tenho certeza de que é a vontade de Deus!

Aquelas palavras de convicção mexeram comigo na hora. A reação dele me passou fé no mesmo momento e, a partir dali, eliminou todos os questionamentos e incertezas sobre a definição do meu futuro marido. Eu me tornei resistente para seguir adiante. Foi como se Deus tivesse respondido naquele momento que nós estávamos dentro da Sua vontade. Passamos a nos gostar com mais intensidade ainda. Estávamos na direção certa. A direção escolhida por Deus. Eu mal sabia que era aquela fé que iria me transformar em uma dama da fé um dia.

O Espírito que nos uniu

Começamos os preparativos para o casamento. O tempo era curto, precisávamos ser rápidos. A correria não parou um dia sequer: do vestido de noiva ao enxoval até a decoração da igreja e a viagem de lua de mel. O dinheiro era apertado. Nossas famílias viviam um momento financeiro conturbado. Dependíamos apenas do salário contado do Edir como funcionário público. Nosso amor, no entanto, estava acima das circunstâncias, queríamos construir tudo juntos.

Entusiasmados, ansiosos pela data tão inesquecível, passamos a convidar os padrinhos para a cerimônia. Fui pessoalmente entregar o convite a um dos pastores da Igreja Nova Vida de Niterói, local que frequentávamos antes de toda a nossa família se mudar para o Rio por causa do trabalho do meu pai. Tínhamos um apreço particular pelo pastor de lá por ter sido sempre muito atencioso conosco. Minha mãe chegava a dizer que não havia outro líder religioso tão gentil como aquele em toda a nossa comunidade. Cheguei pouco antes do culto principal da noite.

– Pastor, estava namorando e acabei de ficar noiva do Edir. O senhor o conhece? – contei, exultante.

Ele emudeceu. Com a voz desconfiada, replicou:

– O Edir? Conheço, claro...

– Vou ficar muito feliz se o senhor aceitar o convite para ser meu padrinho de casamento.

– Ah, claro... tudo bem – continuou, sem entusiasmo.

Quase se despedindo, segurando o convite em mãos, ele me chamou:

– Minha filha, eu quero falar com você depois da reunião.

Ao final do culto, tivemos uma conversa reservada ainda na própria igreja. O pastor foi sucinto:

– Pense bem, Ester. Esse rapaz não é para você.

Em seguida, passou a detalhar os motivos por que tinha uma opinião tão forte. Para ele, Edir não preservava uma vida sentimental estável, não se firmava em um relacionamento, e, como eu já sabia, tinha um emprego modesto como funcionário público. O pastor conhecia bem o histórico de vida do meu pai, um empresário bem-sucedido até pouco tempo atrás, e entendia que ele jamais me daria de volta o conforto e o bem-estar dos tempos de prosperidade.

– Abra os olhos, minha filha. Você vai fazer um mau casamento.

Admito que fiquei assustada com o aconselhamento, mas nada poderia tirar a fé semeada no meu interior. O pior viria depois: ao encontrar minha mãe na igreja, o mesmo pastor pediu para lhe contar um segredo.

– Eu tive um sonho com a Ester, dona Eunice – confidenciou.

– Como assim, pastor? Sonho? Com a minha filha? Não entendi – retrucou, espantada, minha mãe.

– Ester estava em um lugar muito alto, triste e chorando amargamente.

O pastor tentou me inundar de dúvidas para me impedir de aceitar o casamento. Fiquei apreensiva e um tanto insegura. Como um pastor é capaz de ter essa visão? Seria um aviso de Deus? Será que ele estaria inventando aquilo tudo? Nossa família nunca acreditou em dogmas de profecias ou revelações, prática de adivinhação do futuro adotada por alguns grupos evangélicos. Foi quando minha mãe se lembrou do filho do "pastor adivinho".

– Espere um pouco. Ele já me falou várias vezes sobre o desejo de casar você com o filho dele. Chegou a dizer que pedia sempre para isso acontecer – relembrou minha mãe.

Desvendamos o mistério. De fato, o pastor tinha um filho da minha idade, namorado de uma garota de fora da Igreja, e desejava para ele uma moça fiel de sua comunidade. Edir soube dessa história muitos anos depois, quando já estávamos casados.

Tanto ele como eu havíamos passado recentemente pela mesma experiência dolorosa: o rompimento de um noivado. O fim da relação de cada um deixou marcas e aprendizados. Noivo havia três meses de uma moça da Igreja Nova Vida, Edir desistiu do casamento depois de ouvir um palavrão. Uma única palavra. Um detalhe, para muitos aparentemente insignificante, foi suficiente para desmontar um projeto de vida. Como eu, Edir procurava uma pessoa que tivesse os mesmos valores e princípios de fé, e, às vezes, são os pequenos detalhes que mostram quem somos no mais íntimo.

Comigo aconteceu da mesma forma. Mesmo noiva, eu perseverava em minhas orações pedindo para o Espírito de Deus guiar minha escolha na decisão correta sobre o homem da minha vida. O noivado fracassou porque eu não via compromisso de fidelidade no meu então parceiro. E uma atitude suspeita dele me levou a uma decisão definitiva: o fim imediato da nossa relação. Era como se uma venda tivesse sido arrancada dos meus olhos.

Mesmo naquele tempo eu já percebia inúmeras meninas da minha idade se lançarem em relacionamentos desastrosos. Embriagadas de paixão, as moças se atiravam movidas unicamente pelo desejo desesperado de trocarem alianças com um homem. O sonho do vestido de noiva, da festa e da casa nova se transformava rapidamente em pesadelo. Um salto de cabeça no penhasco da emoção. Eu implorava para Deus me livrar de um casamento errado. Era imatura, jovem demais, nem sabia ao certo separar o sentimento da fé, não compreendia direito o significado da fé inteligente, mas havia em meu íntimo temor e fidelidade a Deus. A sinceridade em desejar uma união de acordo com a vontade divina me fez dar o passo acertado.

Em meus instantes de meditação, sozinha no meu quarto ou orando baixinho na igreja, rasgava meu interior pedindo que fosse feito o querer de Deus e não o do meu coração. Essa súplica me acompanhava constantemente. Como disse Jesus: "*Contudo não se faça a Minha vontade, mas sim a Tua*" (Lucas 22.42). Por mais demorado que fosse, esperaria o tempo necessário para que a vontade de Deus fosse feita em minha vida amorosa.

Eu me recordo claramente das noites de oração.

– Meu Deus, eu quero que seja feita a Tua vontade. Mesmo se eu achar que gosto deste ou daquele moço, não permita acontecer o meu desejo. Jamais – rogava, ao pensar nos temores sobre o futuro.

Os exemplos negativos na minha família também me alertavam sobre os riscos de um casamento errado. Desde criança, eu já pensava assim, quando notava o sofrimento de minha tia devido às traições do seu marido. Eu colocava meus joelhos no chão, diante de Deus, para pedir que nunca acontecesse algo semelhante comigo. Assim como eu, Edir também presenciava casais de sua família em um verdadeiro pé de guerra. Brigas e agressões perturbavam a união de alguns dos irmãos dele.

Mesmo antes de nos conhecermos, cada um à sua maneira, tocando a sua própria vida de solteiro, clamávamos a Deus por um casamento feliz. E Ele nos juntou no momento certo. Tenho consciência de que isso somente foi possível após o meu encontro com Deus, oito anos antes.

Mesmo nascida em um berço cristão, necessitei percorrer meu próprio caminho para alcançar uma experiência pessoal com o meu Senhor. Eu tinha 13 anos quando pastores de diversas denominações trouxeram ao Brasil um missionário norte-americano para uma concentração de fé no estádio Caio Martins, em Niterói. Era uma tarde de sábado ensolarada. Fui acompanhada do meu irmão e sua namorada.

O missionário pregou sobre o destino da nossa alma e o risco que corriam todos os que não entregassem sua vida para o Senhor Jesus. Eu me identifiquei com cada palavra dita naquele lugar. Desejava sinceramente encontrar o Deus da minha salvação, mas, muitas vezes, me considerava sem pecados simplesmente pelo fato de ter nascido dentro de uma Igreja evangélica. Como eu estava enganada! Isso não era o suficiente, necessitava me reconhecer como uma pecadora exatamente igual às demais pessoas, sem absolutamente nenhuma distinção. Eu carregava a herança do pecado desde o meu nascimento, como qualquer outro ser humano.

– Jesus veio para te salvar. E hoje é a sua chance. Por favor, venha aqui na frente – convidou-me o missionário, diante de milhares de presentes.

Lentamente, caminhei em direção ao altar no centro do estádio. Cabisbaixa, parecia compreender agora o tamanho da minha insignificância. O hino antigo, cantado em tom de oração, elevou meus pensamentos para o Alto.

Manso e suave, Jesus está chamando.
Chama por mim e por ti
Alma cansada, vem já!
Vem já, vem já...

Mesmo ainda muito jovem, reconheci que era uma alma cansada, precisava ser preenchida dEsse amor sem igual. A oração solitária em meio à multidão. O arrependimento. As lágrimas suplicando perdão. O agradecimento com uma alegria interior impossível de descrever. A fé de que tudo, a partir dali, passaria a ser diferente. A começar por mim.

O mesmo Espírito que estava comigo naquele estádio, fazendo brotar a razão de viver e a felicidade plena no meu interior, me uniu a Edir e nos conduziu a um casamento de mais de quatro décadas.

Sorriso dele

Nosso casamento foi marcado para a noite de sábado, dia 18 de dezembro de 1971. A primeira decisão conjunta mais importante foi o lugar onde morar depois de casados. O orçamento era extremamente apertado. Contávamos apenas com o salário limitado do Edir na Loteria. Foi quando dona Geninha pediu a um antigo amigo de sua família, um ex-fazendeiro na cidade onde viviam e agora comerciante rico da região, dono de diversos imóveis no Rio de Janeiro, para que nos ajudasse a encontrar um apartamento.

O valor do aluguel precisava ser baixo, por isso acabamos optando por um imóvel simples no bairro do Catumbi, zona norte do Rio. O prédio ficava ao pé de uma das comunidades carentes do local.

– Está ótimo. Vamos ficar com esse, seu Vicente – aprovou Edir, agradecendo a gentil ação do conhecido de seus pais.

– É o mais barato que eu tenho. Você vai conseguir pagar o aluguel – ele respondeu, simpático.

Fomos dispensados da necessidade de apresentar um fiador. O novo apartamento não era exatamente o lar que eu imaginava morar. Quando minha irmã mais velha, Elza Queiroz, foi conhecer o local, ela chorou.

– Puxa, Ester, vocês vão mesmo morar aqui? Eu vou ficar tão preocupada. Não tem como ser um lugar melhor? – questionou, meio sem graça, me ajudando a montar o enxoval.

Nosso pai sempre teve uma condição de vida favorável, ganhou muito dinheiro, mas passou por um revés e perdeu tudo, como revelo no capítulo seguinte desta minha obra de memórias. Meus irmãos e eu vivemos boa parte da infância desfrutando de tudo o que havia do bom e do melhor.

– É o que Edir pode pagar por enquanto. Mas vamos melhorar de vida em breve, minha irmã – assegurei confiante.

Outra vantagem do bairro do Catumbi era que ficava próximo do trabalho de Edir, o que lhe permitia gastar apenas uma condução de ônibus para chegar até lá. A economia de moedas fazia diferença no fim do mês. Para comprar os móveis, o mesmo esforço. Contávamos apenas com os presentes de poucos amigos e parentes. A mobília básica, comprada com muito sacrifício, como armários, cama, sofá e geladeira, foi paga inteiramente à vista com as economias dele. Ainda havia os custos das idas ao curso de matemática de Edir na UFF, a Universidade Federal Fluminense. Como o dinheiro era curto, pensávamos duas vezes antes de desembolsar qualquer centavo nos preparativos do nosso enlace.

O casamento se aproximava como em uma eletrizante contagem regressiva.

Simples, o vestido de noiva foi costurado pela minha própria tia. Minha mãe acompanhou tudo de perto, realizada por casar sua segunda filha. Edir e eu estávamos igualmente felizes, apesar de todos os obstáculos financeiros.

Decidimos juntos cada detalhe da cerimônia. A semana do casamento foi longa, parecia não acabar. Ansiosa e agitada, vivi os meus últimos dias de solteira até encontrar Edir na noite de sábado, no altar da igreja. Escolhemos realizar a celebração na Igreja Nova Vida de Bonsucesso, também no Rio, e a festa, em um pequeno salão no fundo do templo. Minha família ficou responsável pelo bolo e os salgadinhos.

Passei a tarde de sábado me preparando no salão de cabeleireiro com a minha cunhada. Fui obrigada a cortar meus cabelos compridos para adequá-los à grinalda, uma surpresa não muito agradável para Edir, fascinado por meus cabelos longos. Depois de pronta, uma ação sublime: colocar o vestido de noiva. Eu me olhei no espelho parecendo não acreditar na chegada daquele instante tão esperado. "Obrigada, meu Deus. Obrigada, meu Senhor", agradeci, sussurrando as palavras.

O buquê de flores já estava pronto à minha espera. Era preciso partir rumo ao encontro do noivo. O horário me deixava apreensiva, não queria me atrasar em hipótese alguma.

– Se você demorar, não vai me encontrar na igreja – repetia Edir, brincando, mas com um fundo de seriedade.

Meu pai é quem me conduziu no seu Landau da época até o salão da igreja em Bonsucesso. A noite estava deslumbrante. O céu, limpo.

Faltavam quinze minutos para o início do casamento e eu já aguardava dentro do carro, na porta da igreja. Esperei com antecedência, sentada no banco de trás, apenas olhando o movimento pela janela. Primeiro entraram os padrinhos, depois Edir com a mãe e, por fim, eu e meu pai. Permanecia inquieta com a adrenalina em alta só de pensar que naqueles momentos eu seria o centro da atenção dos convidados. Mas me enchi de coragem porque aquilo tudo era a realização de um sonho almejado. Os bancos estavam tomados de gente. Recebemos mais de trezentos convidados, em grande parte gente da nossa família e amigos de igreja.

Minha mãe não conteve as lágrimas ao me ver entrando. Ao chegar diante do púlpito, meu pai soltou minha mão, deu um suave beijo na minha testa e me entregou ao noivo. O pastor fez uma breve pregação. Em seguida, o comprometimento de viver comigo para sempre foi dito pausadamente por Edir. Eu também repeti as mesmas palavras olhando nos olhos dele. As alianças e o tão celebrado beijo encerraram o ritual antes do abraço dos padrinhos.

A comemoração continuou no salão do fundo por poucas horas. A festa acabou cedo, antes das onze da noite, e partimos para o nosso apartamento para desfrutar das núpcias antes de viajarmos em lua de mel para a cidade mineira de Caxambu, na manhã do dia seguinte.

Uma cena daquela noite nunca mais saiu da minha lembrança. Aconteceu quando as portas da igreja se abriram, ao som da marcha nupcial, e dei meus primeiros passos lentamente sobre o tapete. Ao avistar o templo cheio, tive um misto de timidez e uma enorme alegria. O corredor foi diminuindo aos poucos.

Na frente do altar, uma imagem fixa na mente para marcar a memória: Edir sorria para mim. Sereno, elegante em seu terno e gravata, assentado de pé. A expressão de felicidade brilhava no seu rosto. Um sorriso inesquecível. Meu amado comigo até o fim. Um amor para toda a vida.

"Eu sou do meu amado, e o meu amado é meu."

(Cantares 6.3)

CAPÍTULO 2

Meu regressar

Nossa falência

O casamento com Edir foi um marco em minha trajetória de vida. Mas minha história começa muitos anos antes, no encontro entre uma pianista e um comerciante fiel de uma igreja evangélica tradicional de São Cristóvão, bairro antigo do Rio de Janeiro. Os dois se apaixonaram jovens, casaram rapidamente e tiveram oito filhos: quatro casais. Eu fui a quinta a nascer. Bernardino Rangel Pires e Eunice Coelho Rangel, meu pai e minha mãe, viveram juntos durante quarenta e cinco anos e nos legaram muitas lições de caráter e de fé.

Meu avô materno era pastor da Assembleia de Deus, nascido em Belém do Pará, de onde veio transferido para o Rio. Na comunidade em que pregava, ensinou minha mãe a tocar teclado durante os cultos, talento que, entre outros atributos, como o jeito meigo, os olhos escuros e a beleza discreta, despertou a atenção de meu pai. Seu Rangel, como o chamavam, tinha nascido em uma família rica de comerciantes e, desde cedo, vivia com muita prosperidade financeira.

Ao se casar, minha mãe mudou-se do Rio para uma fazenda em um bairro afastado do centro de Niterói, município em que meu pai morava e trabalhava. Foi o primeiro sacrifício dela pelo casamento ao deixar a metrópole dos bondes, das ruas lotadas e do agitado comércio para viver em um local então praticamente sem nenhuma infraestrutura, como transporte e vias asfaltadas. Eu lembro que os ônibus passavam poucas vezes ao dia, com hora marcada. Embora durante vários anos sempre tivemos o privilégio de ter automóvel, eu usava o ônibus público para chegar à escola. Esse registro é muito claro na minha memória.

Mesmo perdendo o conforto de viver na cidade grande, nunca ouvi minha mãe reclamar de nada. Pacata e piedosa, mamãe nasceu para servir à família. Era um exemplo de esposa com vocação para edificar um lar. O respeito irrestrito pelo marido, a sabedoria em criar os filhos e o zelo pela casa pontuaram sua trajetória. Já meu pai tinha outras características igualmente nobres: era dócil e com disposição para a bondade. Dificilmente conseguia falar não para alguém. Também era muito carinhoso, sensível e presente com os filhos. Dividia sua rotina entre o trabalho duro e a família, e se divertia para valer quando estava conosco.

Em ambos, tanto no meu pai como na minha mãe, com incontáveis exemplos práticos em nosso dia a dia, havia o temor pela Palavra de Deus como maior riqueza entre os seus ideais. Foi com eles que aprendi a buscar na Bíblia as respostas para as minhas indagações e a transformar a oração em uma ferramenta para viver em intimidade com Deus. A fé nascida da revolta, aquela capaz de incendiar o nosso interior, mexer com o Céu e revolucionar uma vida por inteiro, é claro, só aprendi anos depois quando me casei com Edir, mas os princípios da fidelidade e da obediência bíblicas já haviam sido semeados por meus pais e avós.

Eu nasci no dia 1º de fevereiro de 1950 na casa do meu avô materno em São Cristóvão, no Rio, apesar de morar em Niterói, em um bairro chamado Vista Alegre, lugar em que passei minha infância. Papai achava mais seguro minha mãe dar à luz em casa devido à experiência da minha avó e das próprias parteiras. Minha criação foi cercada pelo ensino de bons costumes e por momentos de divertimento. A casa sempre cheia de crianças, irmãos e primos na fazenda do vovô, correndo pelo pomar de laranjeiras, mergulhando no rio e alimentando os bichos. Apesar do medo que tinha das vacas e do touro, são lembranças saborosas dos meus primeiros anos.

Papai era quem comandava a folia com a meninada. Passeávamos juntos na praia, viajávamos para o interior de Minas Gerais ou para Nova Friburgo e outras regiões serranas do Rio. Os oito filhos sempre partiam unidos para as férias. Eu me recordo, certa vez, quando meu pai apareceu em casa com uma caminhonete nova com dez lugares. Foi uma festa, finalmente poderíamos andar de carro com mais espaço e conforto, sem esmagar um ao outro. Usufruímos desse conforto, por exemplo, para visitar as fontes de águas dançantes em cidades próximas de Niterói. Outra particularidade da nossa família era almoçar e jantar juntos. Os dez se sentavam à mesa e, após a oração do papai abençoando o alimento, só se levantavam quando todos terminavam a refeição.

Desde cedo, cresci apegada a Elza, minha irmã mais velha. Estudamos juntas durante vários anos em escolas públicas. Dinâmica e proativa, como meu pai, comandava a ordem em casa, organizava os festejos de Natal e os aniversários e cercava os mais novos com espírito de liderança.

Mas nem tudo era alegria e paz. Por mais que minha família fosse bem estruturada, meus pais os melhores do mundo e existisse uma união tremenda entre os irmãos, eu tinha conflitos interiores. Duelava comigo mesma ao encarar determinados pensamentos que se passavam na minha cabeça. Ninguém nunca me disse que eu era o patinho feio da família, mas era assim que eu me sentia. Sempre me achava a sem graça, a "feinha", e até o meu apelido não era dos melhores. Costumavam me chamar de "Esterzinha, a baixinha". Por mais que todos esses complexos viessem de dentro de mim, eu acabava sentindo rejeição por parte de alguns familiares.

Como normalmente acontece quando se está em um grupo de pessoas, há comentários que geram comparações, e não foi diferente comigo e minhas irmãs. Diziam que uma era a mais bonita, outra a mais inteligente, outra a mais falante, a mais engraçada, a que se vestia melhor, a mais simpática, a que dominava mais a atenção das visitas, a que conquistava mais amigas. Minhas irmãs eram muito bonitas e, na minha mente, se destacavam fisicamente em tudo em relação a mim. Uma tinha os olhos verdes iguais aos do meu pai. A outra, lindos cabelos castanhos compridos. E a outra, ainda, uma altura admirável para uma mulher. No espelho, me enxergava como uma criança apagada e uma adolescente feia. Os parentes não se incomodavam em rasgar elogios às minhas irmãs diante de mim.

– Puxa, como ela é linda. Que olhos verdes espetaculares – dizia uma tia.

– Nossa, o seu cabelo tem uma cor de mel maravilhosa – comentava outra tia.

– Como você está alta e bonita. Esperta e prendada – cutucava uma prima qualquer.

Tudo, o tempo inteiro, na minha frente e sem nenhuma palavra dirigida a mim. Era sempre uma criança esquecida na hora dos elogios. Nenhuma das minhas irmãs seguiu o temperamento pacato da minha mãe, apenas eu. Todas são desinibidas, conversam bastante, tomam iniciativas, não se retraem por nada. Eu cresci como a única mulher introvertida, de poucas palavras, contida nas minhas atitudes, discreta o tempo todo.

Essas características me fizeram ser facilmente anulada. Nunca fui de me exibir ou disputar a atenção de quem convivo e, por isso, quase sempre acabava diminuída.

Não sentia ciúmes das minhas irmãs, obviamente amava e amo cada uma delas, mas era natural uma garota de tão pouca idade sofrer com essas comparações. O resultado foi que me transformei em uma menina ainda mais tímida e calada, reprimida mesmo, alimentando o medo de falar. Não me sentia segura para dizer o que pensava, muito menos para expressar os meus sentimentos. Achava que tudo em mim não estava bem. Eu me fechei e isso me atrapalhou muito por um bom período. E, assim, jamais me sobressaí.

Hoje vejo como Deus necessitava escolher justamente uma mulher assim, sem destaque e reservada, para unir-se a Edir e formar um casal usado por Ele. O Espírito Santo buscava uma mulher que não fosse disputar atenção ao lado do homem que Ele estava preparando para usar tanto neste mundo afora. Uma mulher que tivesse tido suas próprias batalhas interiores para então ajudar tantas outras que passam pelos mesmos complexos. Uma mulher que usaria seu jeito pacato de ser para acalmar o jeito esquentado de seu marido. Uma mulher cujo objetivo maior seria fazer a Obra de Deus neste mundo.

Edir me ajudou muito a vencer os complexos que eu carregava desde a infância. Suas opiniões positivas a meu respeito e seus elogios constantes ajudaram a me erguer dia após dia. Conforme a idade foi avançando, gradualmente adquiri segurança e autoconfiança. Minha maturidade espiritual, sobretudo, me ensinou a não me importar com as opiniões alheias. Aprendi a não me influenciar por nada e reagir mentalmente diante de uma palavra negativa. Por outro lado, absorvi um aprendizado valioso para colocar em prática em meu trabalho espiritual na igreja, nos dias de hoje, na orientação a mães e filhas.

Na maior parte das vezes, sem perceber, muita gente fere um menor ou um adolescente ao expressar comparações entre eles. O que pode parecer um comentário inofensivo é capaz de provocar um complexo interior. Geralmente, isso é agravado quando parte da boca de familiares ou entes queridos, pessoas amadas e admiradas pela criança. A autoestima de uma personalidade em formação é atingida em cheio. Assim que é diminuída por uma comparação, a criança passa a acreditar naquele suposto defeito como uma verdade absoluta, o que pode comprometer seu desenvolvimento saudável.

Admito que carreguei parte desses traumas nas várias falhas que cometi na criação das minhas filhas, papel que assumo no capítulo "Diante dos meus erros".

Exceto os conflitos interiores, as recordações da infância e início da adolescência são de uma fase relativamente boa. O nascimento de toda a família em um berço cristão gerou um ambiente de harmonia. Lembro de acordar com músicas instrumentais e hinos com melodias suaves da Rádio Copacabana que, mais tarde, viria a se tornar a primeira emissora da Igreja Universal do Reino de Deus.

– Bênção, pai – eu pedia, sempre antes de dormir, e ele fazia questão de me abençoar.

Ele também apreciava ler textos bíblicos e obras espirituais, dividindo o conhecimento com toda a família, os amigos ou mesmo quem conhecesse pela primeira vez. Dedicado à Igreja, tornou-se presbítero por um longo período, praticando diversas ações de solidariedade, como o patrocínio da reforma completa do templo que frequentávamos. No Natal, apresentávamos peças de teatro com temas cristãos e, às quartas e aos domingos, éramos frequentes nas reuniões.

Eu cresci aprendendo com profundidade os preceitos da fé e a importância do batismo com o Espírito Santo. Minha avó por parte de pai explicava, em detalhes, o real sentido de crer na Terceira Pessoa da Santíssima Trindade como o único e verdadeiro Deus. E chegava a organizar em sua casa uma oração coletiva com todos os netos.

– Todos de joelhos agora. Vamos buscar o Espírito de Deus – pedia, antes de iniciar a oração.

Assim como eu, a maioria dos meus primos não tinha 10 anos e nem sabia ao certo quem era o Espírito Santo. Ainda assim, eu pedia com todas as forças:

– Jesus! Eu quero o Espírito Santo!

O que aparentemente poderia parecer tolice ou fanatismo representou sementes de temor a Deus e dependência dEle para viver, lançadas dentro do nosso interior. Os frutos surgiriam com o passar da idade.

Ao mesmo tempo, contudo, a doutrina daquela igreja tradicional começou a provocar uma resistência previsível em meus irmãos mais velhos ao alcançarem a adolescência. As meninas chegavam a ser proibidas de cortar o cabelo ou pintar as unhas. Os meninos criticavam o fanatismo de alguns integrantes dessa igreja e tinham vergonha. Além disso, não podiam usar cabelos mais compridos como os jovens da época. Durante uma excursão escolar no início da juventude, quando fui pela primeira vez ao cinema – outra prática censurada pela igreja –, senti a consciência pesada. No decorrer do filme, eu repetia baixinho:

– Jesus, me perdoe. Se o Senhor voltar hoje, me leve. Por favor, me perdoe.

Não restou outra opção para o meu pai. Mais preocupado em manter os filhos no caminho da fé do que meramente membros de uma denominação ou perdidos longe de Deus, decidiu mudar para a Igreja Nova Vida. Ali não existiam restrições ou qualquer tipo de patrulha de comportamento. Mesmo um pouco contrariado e enfrentando a oposição dos parentes, meu pai seguiu firme na mudança visando unicamente que os filhos fossem encaminhados ao Senhor. Eu tinha completado 13 anos.

Este foi o início de uma das etapas mais espinhosas vividas pela nossa família. Negociante bem-sucedido, papai era dono de vários comércios no Rio de Janeiro com diferentes áreas de atuação: ele possuía lojas de roupa, depósitos de material de construção e posto de gasolina. O dom foi herdado do pai, também um empresário de sucesso. Mesmo tendo estudado apenas até o primário, sem um diploma universitário, meu pai sabia ganhar dinheiro com a arte da venda. Articulado, hábil de conversa e sempre muito simpático, conquistava fregueses em todos os negócios que empreendia e, assim, acumulava imóveis e outros bens.

A fartura reinou pouco mais do que duas décadas. Não faltava nada, sobravam opções de alimentos na despensa e na geladeira. Mesmo em oito irmãos, éramos sempre presenteados com brinquedos da moda e roupas de primeira linha. Nossa casa foi a primeira no bairro a ter televisão, um luxo à época. As viagens no fim do ano aconteciam sem falhar, aproveitando bons hotéis e restaurantes. Alcancei a adolescência habituada a desfrutar de muito conforto. Meu pai sentia-se contente e vitorioso em oferecer o melhor para sua família.

De repente, passei a observá-lo recolhido, distante, um tanto inquieto. Não lembrava em nada o seu Rangel conhecido pelos filhos. Uma preocupação intensa parecia abatê-lo. Certa noite, à mesa do jantar, contou abertamente o motivo da agonia que estava atravessando.

– Fiz um negócio totalmente errado. Assinei a compra de uma empresa de ônibus sem consultar os advogados. Agora, descobri que a empresa está falida, cheia de dívidas altíssimas. E vou ser obrigado a pagar essa conta – desabafou, em tom de tristeza.

Começou ali a nossa ruína financeira. Perdemos tudo de uma hora para outra. Os credores levaram casas, terrenos, lojas, carro. Tudo desapareceu em um estalar de dedos. A comida passou a ser controlada para não faltar. Minha mãe era obrigada a fazer compras para tantos filhos com dinheiro contado. Nessa fase de falência, dois irmãos já haviam se casado, mas ainda restavam seis jovens para sustentar. Os passeios acabaram. Nossa vida se resumia às idas à igreja e ao convívio dentro de casa. Todos sentiram o baque.

Chegou um tempo em que não tínhamos nem onde morar. Papai decidiu recomeçar a vida do zero em outro bairro do Rio. Com muito suor, montou uma pequena loja com um sobrado no terreno dos fundos onde morava toda a família. Pouco a pouco, com inúmeras dificuldades, batalhava para se reerguer. Em meio a todo esse sofrimento, aos 17 anos, enfrentei uma fase de muitas doenças. O médico me diagnosticou com taxas elevadas de colesterol e açúcar no sangue, fenômeno raro para alguém da minha idade.

O choque da nossa ruína foi especialmente doloroso para mim. Uma esplêndida festa de 15 anos era um sonho para qualquer menina daquela geração, e eu já imaginava esse desejo durante anos. Certo entardecer, meu pai me chamou para conversar sozinha no sofá da sala. Cheio de ternura, mas ao mesmo tempo enfraquecido, me pegou no colo e respirou fundo antes de dizer que tinha algo para me contar.

– Minha filha, escute bem. Eu queria muito fazer uma festa bonita de 15 anos para você. Meu amor, você merece muito mais, mas o papai não tem condições agora porque fez uma besteira enorme – confessou, com uma sinceridade constrangedora.

– Me perdoe, filha. O papai errou – acrescentou, já sem segurar as lágrimas.

Foi a primeira vez na vida que o vi chorar.

A cena foi muito marcante para mim. Nem passava pela minha cabeça reclamar de algo, eu não tinha coragem para isso. A festa de 15 anos demorou um pouco, mas aconteceu do mesmo jeito e de uma maneira muito simples. Comemoramos a data em maio, três meses após o meu aniversário, em uma reunião de primos e amigas do colégio em nossa própria casa. Mamãe conversava bastante comigo me aconselhando a ter paciência e compreensão com o momento embaraçoso enfrentado pelo meu pai.

– Não peça nada a ele, filha. Deixe seu pai ter paz para buscar uma saída para nossa situação. Vamos orar, filha. Deus vai apontar uma solução – orientava ela, sempre cheia de mansidão.

A oração era a sua maior arma.

*"Levantarei os meus olhos para os montes,
de onde vem o meu socorro. O meu socorro
vem do Senhor que fez o céu e a terra."*

(Salmos 121.1,2)

A perda dos meus pais

– Corre para cá que o seu pai desmaiou. Vou chamar a ambulância. Corre! Corre!

A ligação telefônica desesperada da minha mãe para uma das minhas irmãs aconteceu no início de 1986, quando o papai sofreu um infarto dentro de casa. Ele teve um mal-estar súbito, dores agudas e logo ficou inconsciente. O socorro do atendimento de emergência o fez acordar. Assim que deu entrada no hospital, estava lúcido ao ser medicado e rapidamente foi conduzido à internação.

Foram quinze dias seguidos no quarto do centro de tratamento intensivo do Hospital Beneficência Portuguesa, no Rio. Seu estado de saúde parecia evoluir bem. Meus irmãos e eu nos revezávamos vinte e quatro horas à beira do seu leito, auxiliando na hora de levantá-lo da cama para se alimentar ou levá-lo ao banheiro nas madrugadas. Permaneci no hospital ao lado dele. Algumas vezes, quando estávamos somente eu e ele, meu pai aproveitava para trocar confidências comigo.

Ele virava seu rosto em minha direção enquanto eu o observava sentada na cadeira de visitante.

– Ah, minha filha. Eu queria ter dado tanto para você. O papai perdeu tanto dinheiro. Eu poderia ter feito muito mais por você – refletia, condoído, enquanto o soro e os remédios pingavam em sua veia.

– Imagine, pai. Isso já passou. O importante é que o senhor está bem – respondia para ele, na tentativa de tranquilizá-lo.

Animado, acreditava na sua recuperação:

– Eu vou sair daqui, minha filha. Eu vou trabalhar mais na igreja, vou ajudar o Edir.

Meu pai se manteve durante um tempo como membro da Igreja Nova Vida, mas também frequentava a Assembleia de Deus para estar próximo dos seus irmãos. Ele gostava mesmo era de assistir aos cultos de Edir na Universal. Afirmava para todos ser um admirador confesso do nosso trabalho de recuperação de vidas.

Apesar de enfermo e com dores, papai perguntava o tempo todo sobre minha mãe.

– E ela? Como está, minha filha? Estou preocupado com sua mãe sozinha lá em casa.

– Está tudo bem, pai. Minhas irmãs estão com ela. Fique em paz, o senhor precisa descansar.

Papai era extremamente dependente e agarrado à minha mãe assim como meus avós paternos. Minhas irmãs e eu vivíamos com prazer e respeito o reconhecimento da figura do pai como chefe da família. Eu me recordo, por exemplo, durante as refeições, que os filhos só podiam se servir depois de o pai fazer primeiramente o seu prato. Sempre admirei muito esse tipo de relacionamento. Foi dele que recebi a influência para exercer meu papel de esposa.

Mesmo no hospital, sem saber que estava vivendo seus últimos dias, meu pai demonstrava seu cuidado com a esposa. Após nova bateria de diagnósticos, os médicos se animaram com a gradual melhora dele. E concluíram a necessidade de se realizar um cateterismo, procedimento para desobstruir as artérias do coração. Minha irmã e meu cunhado, também médicos, acompanhavam o tratamento de perto. Para efetuar a técnica, era preciso anestesia geral. Papai foi consciente para a mesa de cirurgia e não voltou mais. Entrou em coma durante a operação. Eu estava no hospital ao receber a triste notícia. Edir parecia desnorteado quando liguei para chorar a perda.

Meu pai morreu em junho de 1986, aos 66 anos. Ele foi enterrado exatamente no mesmo dia do seu aniversário.

Três meses depois, Edir e eu nos mudamos com nossos filhos para Nova York com a missão de pregar o Evangelho nos Estados Unidos. A distância do Brasil me deixava tensa com a situação da minha mãe, agora viúva e sem o seu grande companheiro de vida. Foi difícil para mim. Por vezes, chorava escondida para não preocupar Edir. Senti muitas saudades do meu pai.

Com o passar dos dias, minha mãe passou a morar em um mesmo prédio no Rio com outras três irmãs. Isso trouxe enorme sossego para mim e felicidade para ela. Aprendi muito com os exemplos da minha mãe. Admirava sua maneira calma de viver, de não ser fofoqueira e jamais falar mal de alguém, inclusive do próprio marido, mesmo quando ele merecia repreensão ou crítica. Isso me ensinou a ser uma esposa melhor, mais sábia, já depois de casada. Certa vez, irritada com uma reação de Edir, fui reclamar com ela.

– Puxa, mãe. O Edir não entende...

Ela me cortou na hora. Interrompeu o que eu ia dizer e, tomando a palavra, me advertiu solenemente:

– Minha filha, não fale assim. Preste atenção: nunca fale mal do seu marido!

E mamãe completou a bronca:

– Você deve olhar o lado dele. Ele é bom, fiel e ama você.

Aprendizados excepcionais. Isso me ensinaria no futuro a ser um alicerce inabalável para Edir nos momentos em que enfrentamos os mais terríveis e injustos ataques, resultados do crescimento da Igreja e da compra da TV Record.

Já mais recentemente, minha mãe desenvolveu uma doença que apagou lenta e cruelmente suas memórias. Aos 93 anos, já bem cansada e vivendo acamada, não reconhecia mais muita gente da família. A última vez que se lembrou de mim foi no começo de 2015.

– Seu vestido está tão lindo, filha. Você fica bem com essa cor – elogiou, carinhosa.

Perguntou sobre Edir e as crianças. Foi ela quem cuidou de minha filha Cristiane, dos 3 meses até um 1 de idade, quando precisei trabalhar logo no início do casamento. Ela chamava a neta de "coisa linda da vovó". As duas ficaram muito apegadas.

– Olha quem está aqui, mãe: a coisa linda da vovó.

Ela abriu os olhos com dificuldade e sorriu. Foi a última vez em que reconheceu Cristiane. Depois desse dia, não se lembrava mais de nenhuma de nós. Voltamos seguidas vezes na esperança de trocar apenas uma palavra com ela, mas não foi possível. Quando falávamos, era como se não tivesse ninguém ali na frente dela.

Durante a realização deste livro, no dia 28 de abril de 2016, minha mãe não resistiu à doença e faleceu. Justamente no período em que mergulhei em um túnel do tempo para recordar instantes tão inesquecíveis ao lado dela e quando me vieram à memória, talvez mais do que nunca, o tamanho da sua importância na minha vida, o tanto que me ajudou a me transformar em quem sou hoje. Eu estava no Templo de Salomão, em São Paulo, quando recebi a notícia. Cristiane, preparando-se para uma palestra no Rio de Janeiro, curiosamente iria visitá-la no hospital no dia seguinte. Não deu tempo.

– Eu não fiquei triste. As lágrimas vieram, mas eram de saudade – escreveu Cris, em seu blog.

O texto foi uma homenagem por tudo o que minha mãe representou para ela.

– A minha avó foi uma mulher doce, meiga, mansa, discreta, carinhosa e muito temente a Deus. Eu nunca a vi se queixar, murmurar, falar mal dos outros, ou até criticar. Ela era quietinha, não gostava do frio e falava pouco. Eu fui uma neta abençoada por tê-la em minha vida. Creio que todos os seus netos podem dizer o mesmo.

Viajei com Edir no mesmo dia para o velório. Reencontrei meus irmãos, primos e demais parentes, muitos dos quais não via fazia vários anos. Mesmo tristes pela perda, cremos que ela está bem melhor agora. Durante a cerimônia, meu marido realizou uma breve oração de conforto para nossos familiares:

– Meu Deus, eu peço o consolo do Senhor para cada ente querido da dona Eunice. Obrigado por tê-la usado para me dar uma esposa tão idônea, fiel ao Senhor.

Passei a maior parte do velório em silêncio, com os braços bem entrelaçados ao meu marido. Discreta e companheira, como minha mãe permaneceu a vida inteira.

Ceder: uma dura missão

Até hoje tenho prazer em rever as fotos do meu álbum de casamento. Quase meio século depois, é possível recordar a sensação de felicidade daquele momento. A oportunidade de relembrar os nossos votos e a promessa de estarmos unidos na saúde ou na doença, na alegria ou na tristeza, juntos em todas as circunstâncias, por toda a vida. A alegria de realizar o sonho de começar uma nova jornada ao lado da pessoa amada me fez sair radiante da cerimônia, feliz como nunca.

Mas o casamento de verdade começaria a partir dali.

Eu não tinha a noção exata desse significado, mas sabia que enfrentaria uma nova fase de experiências na minha vida. Como todos os casais, minha união real com Edir aconteceu muito além do entusiasmo do vestido de noiva, da decoração da igreja ou da festa. Também não foi o romance que vivemos na lua de mel. Nosso casamento teve início, de fato, quando chegamos em casa e tivemos de olhar um para o outro, confrontar nossa personalidade, nossos hábitos e defeitos.

Era hora de encarar as lutas.

Se tivesse uma cena capaz de reproduzir com precisão minha relação com Edir ao longo das décadas, talvez seria a de um homem de atitude, com fé, enérgico, nervoso, por vezes agressivo no falar, e uma mulher o tempo inteiro tentando apaziguá-lo, pacata, silenciosa, mansa. Não que eu seja uma superesposa para suportar tudo isso. Até acho que muita gente tem esse pensamento, ao me ver na posição em que estou hoje, como "a esposa do bispo Macedo", mas estão completamente errados. Tenho consciência de que não chego nem perto da perfeição. Não foi fácil ceder para me adaptar ao meu marido escolhido por Deus.

Sou uma mulher sensível, admito. Além da natureza feminina que reforça em mim esse temperamento, tenho essa característica desde criança. Recentemente, na fila do caixa de um supermercado nos Estados Unidos, me abaixei para pegar uma fruta que escorregou do volume de compras de uma senhora à minha frente.

– Não coloque suas mãos na minha fruta! Ninguém nunca te falou isso? Como você é capaz de pegar a minha fruta com sua mão? – esbravejou a mulher, indignada, diante de todos.

Eu nunca tinha visto, muito menos vivido, uma situação semelhante. Alguns americanos e europeus têm mesmo esse hábito como uma forma de preservar a higiene das frutas, mas eu simplesmente tentei praticar um ato de gentileza, no ímpeto de ajudá-la. Para minha surpresa, a funcionária do caixa fez coro à bronca da cliente irada.

– Como você faz isso, senhora? A fruta é dela! Ninguém pode colocar as mãos na fruta que ela separou. A senhora não sabe disso? – gritou comigo.

Constrangida, apenas me desculpei. E no caminho para casa, não consegui deixar de chorar.

O leitor pode estar se perguntando: mas como uma mulher que já passou tantas perseguições ao lado do marido ainda chora por um mal-entendido tão insignificante como esse? Sim, eu já passei por muitas humilhações na vida, mas faço questão de não me acostumar com elas. Ainda acredito que fazer o bem é a melhor resposta ao mal alheio. E, sinceramente, essa postura não é nada popular nos dias atuais. O dia em que você se acostumar com o mal dos outros, você vai acabar se tornando igual a eles.

Naquele dia eu me senti agredida. Não é porque sou uma mulher de fé que sou de ferro.

Em um dos encontros com bispos responsáveis pela Universal em vários países, há alguns anos, tive um atrito sério com Edir que mexeu comigo como nunca antes, imagino que por estar vivendo a fase da menopausa naquela época. Caminhávamos pelas ruas de Vancouver, no Canadá, juntamente com outros nove casais, em direção a um restaurante para jantar. Meu marido, sem reparar, seguiu na frente com outros dois bispos e, empolgado com as orientações espirituais que dividia, me deixou para trás sozinha. Eu estava calçando saltos altos, o que aumentava ainda mais a lentidão dos meus passos. Sem lembrarem de mim, Edir e os demais casais se apressaram, entrando e saindo pelas ruas, até que perdi o grupo de vista. Me senti completamente perdida naquela cidade desconhecida, sem celular, sem o contato de ninguém e logo engoli o choro.

Se não fosse uma das esposas que retornou para me encontrar, eu não sei o que seria de mim. Ao chegar ao restaurante, todo sem graça, Edir me perguntou:

– Onde você estava, Ester? O que aconteceu?

Foi então que aquele choro que havia engolido saiu de dentro de mim a ponto de soluçar. Todos à minha volta ficaram surpresos, até mesmo os bispos que nunca haviam me visto fazer isso. Edir não sabia o que fazer para me acalmar, pediu desculpas várias vezes e, mesmo assim, eu não consegui segurar a profunda tristeza de saber que fui deixada para trás. A comida não desceu de jeito nenhum, parecia ter travado na garganta. Ao voltar do jantar, continuei chorando de irritação. Naquela mesma noite, já que tinha aberto os portões do controle emocional, aproveitei para desabafar sobre nossas brigas pelo ar-condicionado. Sofrendo com crises de calor, eu necessitava de ambientes mais frios, o que logo provocava incômodo e nervosismo nele. Sei que a maioria dos homens, é claro, não consegue compreender os efeitos da menopausa no comportamento de uma mulher, mas fiquei triste pela falta de atenção de Edir enquanto andava a pé. Isso apenas demonstra como somos um casal imperfeito como qualquer outro, sujeito às mesmas falhas e dificuldades.

Isso tudo ocorreu há menos de dez anos, imagine, então, como foi a minha luta no começo do casamento. Eu tive de aprender a me sacrificar pela nossa união.

Edir já me conhece bem. Se não gosto de algo, geralmente fico em silêncio. Não sei bater boca. Raramente entro em uma discussão com qualquer pessoa. Quando tenho uma conversa mais tensa com meu marido, logo fico com o rosto avermelhado. É sinal de que estou irritada, com os nervos à flor da pele. Aguento praticamente tudo calada. Se estouro é porque realmente a situação ficou muito, muito fora do controle.

Eu também já conheço bem Edir. Sempre após um desentendimento comigo, ele se sente muito mal. Noto isso em suas atitudes. Percebendo sua reação extrapolada, passa a me cercar o tempo todo tentando me agradar. Meu marido sabe quando ultrapassa os seus limites.

Nada foi um mar de rosas no início da minha vida de casada. De maneira geral, essa não é uma fase simples. É um ajuste entre duas pessoas que pensam de formas diferentes, com perfis quase sempre opostos. Nossas infantilidades, ajuste de gostos, interferências da família, entre outros aspectos, contribuíram para esse estágio de turbulências.

No princípio, por exemplo, eu me sentia triste quando Edir reclamava de algo na casa, por isso me esforçava para deixar tudo no capricho. O apartamento inteiro precisava estar bem limpo. Em um dos quartos adaptados como escritório, ele conta que jogava rascunhos de papel amassado atrás da porta apenas para testar minha assiduidade com a limpeza. Eu me adiantava recolhendo os papéis. No banheiro, ele se irritava com meus fios de cabelo na escova.

– Ester, você já limpou a escova? – perguntava, logo cedo, ao acordar.

Carrego até hoje o costume de tirar os cabelos da escova. As roupas precisavam estar impecáveis. Minha sogra também conferia de perto se estava tudo em ordem.

– Deixa eu ver se as camisas do Didi estão bem passadas – pedia dona Geninha, ao visitar nosso quarto.

Tudo era novidade para mim. Eu não exercia essas tarefas quando morava com meus pais, embora minha mãe nos ensinasse cada serviço em detalhes. Fui criada com o privilégio de uma empregada doméstica. Não colocava a mão na massa.

Começar a vida com Edir sem as condições financeiras ideais também não foi fácil. Tive de me adaptar a um novo modo de vida, com restrições e economias. Minha família, em geral, talvez, imaginasse para mim um casamento em que eu recuperasse o conforto e os privilégios que o dinheiro pôde nos proporcionar durante muito tempo.

Aliás, a minha situação financeira piorou após o casamento. Casa, móveis, comida, roupas, lugares para passear. Tudo ficou ainda mais limitado mesmo se comparado aos tempos de privações quando morava com meus pais. Se comparasse ao período em que a fartura reinava em casa, então, seria mais ou menos como o conto da princesa que virou plebeia.

A realidade é que eu havia escolhido um marido que não tinha muito o que "oferecer". Funcionário público, salário reduzido, sem sobrenome de gente rica, de família de classe média, sem bens ou imóveis. E isso me levou a fazer vários sacrifícios ao lado de Edir. Mudamos de residência, por exemplo, várias vezes no decorrer dos anos, batalhando a todo instante para cobrir as contas. No mês em que Edir pagava o apartamento, ele atrasava o financiamento do carro, e vice-versa. Uma das prestações sempre ficava atrasada.

Para conseguir sustentar a casa, meu marido tinha dois empregos: trabalhava na Loterj e como pesquisador do IBGE, o Instituto Brasileiro de Geografia e Estatística. Ele ainda cursava faculdade à noite para tentar melhorar de cargo e salário. Mesmo fazendo horas extras, nossa situação se mantinha bem complicada. O dinheiro não era suficiente. Não conseguíamos nem ao menos comprar todos os móveis da casa. Para conseguir um aparelho de televisão, tivemos de assumir um plano de longas prestações na loja Baú da Felicidade. Adquirimos o pequeno aparelho de treze polegadas com uma dívida de trinta e seis mensalidades. Somente após um mês de casada consegui comprar minha primeira máquina de lavar roupas. Vivíamos no limite.

Edir sempre foi extremamente responsável com os seus pagamentos, não admitia dever nada a ninguém. Assim que voltamos da viagem de núpcias, uma de suas primeiras atitudes foi me fazer um alerta:

– Ester, agora você não poderá ver a sua mãe todos os dias. O dinheiro da passagem só dá para o trabalho. E temos de reservar para ir à igreja aos domingos.

Nosso primeiro apartamento no Catumbi, aquele ao pé da comunidade local, era bem simples, só havia mesmo o necessário, mas procurava mantê-lo bem limpinho e cheiroso. Tinha vontade de comprar flores para decorar e perfumar os ambientes, mas não podia nem pensar em um gasto como esse. Raspei à mão o velho piso de madeira para economizar na restauração com sinteco. Usei uma faca durante dias para tentar melhorar a aparência do chão, moendo meu corpo de cima a baixo. Além de morar em uma região precária àquela época, tive de mudar alguns dos meus hábitos de consumo.

Logo nos primeiros meses de casados, o apartamento já começava a nos incomodar. Um dia, na noite de sexta para sábado, o esgoto transbordou na varanda. E com a sujeira, vieram as baratas. Descobri nesse dia que meu marido tem pânico desse tipo de inseto.

Ao chegar do trabalho, Edir ficou transtornado:

– Não vamos ficar neste apartamento de jeito nenhum. Vou entregar antes de vencer o contrato. Está decidido. Pergunte ao seu pai se a gente pode ficar na casa dele até arrumar outro.

Após oito meses no Catumbi, nos mudamos para a residência dos meus pais no bairro Jardim América, ainda no Rio. Dormíamos de improviso no quarto que pertencia ao meu irmão, já casado. Tivemos de nos adaptar com duas camas de solteiro. Nossos poucos móveis novos foram amontoados no depósito de materiais de construção do meu pai, no mesmo espaço onde ficavam areia, pedras e tijolos. Muita coisa acabou estragada. Para chegar ao trabalho, no centro da cidade, Edir levava pelo menos uma hora no percurso de ônibus, o que me impedia de estar mais próxima dele no dia a dia. Ainda não havíamos comprado um carro.

Os pernilongos também não davam trégua naquela região calorenta da cidade. A casa inteira era infestada por mosquitos que não nos davam um minuto de sossego. Não havia privacidade para a vida de recém-casados. A porta do nosso quarto era bem colada à parede onde ficava a televisão da sala. Meu pai passava horas assistindo aos mais variados tipos de programas até o fim da noite, muitas vezes rindo sem parar. Era praticamente impossível descansar enquanto houvesse gente na sala. Não víamos a hora de nos mudar para um lugar só nosso, por isso comecei a trabalhar em um comércio do meu tio para ajudar no aluguel da nossa próxima casa.

Enquanto me dedicava ao serviço, por vezes era atormentada pelo medo de não conseguir pagar as contas e viver em uma situação ainda mais difícil. Sempre que observava meu marido preocupado com as dívidas, automaticamente acabava também assumindo essa preocupação, ainda que sem conversarmos sobre o assunto. Como não ser atingida por tantos receios quando falta o dinheiro no fim do mês? O que faríamos se Edir não conseguisse pagar o aluguel de uma nova casa? Morar de favor com meus pais por mais tempo? Deveria assumir um trabalho em definitivo para ajudar na renda de casa? E se ele não conseguisse uma promoção, um reajuste de salário e estagnasse em sua carreira por vários anos? Viveríamos apertados pelos anos seguintes? Eu suportaria o constrangimento diante da minha família? Deveria me conformar com uma vida limitada?

Um dia, em meio a uma discussão, incomodada com o gênio explosivo do meu marido, lutando contra as nossas necessidades, perdi a paciência e disse sem pensar:

– Olha, Edir, você é muito teimoso. Eu não aguento mais. E se você continuar desse jeito a gente vai se separar.

Na hora, ele me interrompeu:

– Nunca mais repita essa palavra. Aqui em casa essa palavra é proibida! Aqui não existe isso!

Ele cortou aquela conversa na hora por uma razão muito simples: nós cremos na aliança firmada no altar no ato do casamento. Essa é a nossa fé. Trata-se de usar a convicção inteligente, a certeza absoluta para que a união permaneça e se perpetue. O amor que vem da fé jamais acaba, por mais complicados que sejam os problemas e as lutas.

O leitor deve estar se perguntando, então, como fiz para suportar momentos tão espinhosos durante os primeiros anos de casada. As respostas, reveladas a seguir, foram descobertas ao longo do tempo.

Mulheres falantes

Não é uma receita pronta, mas são caminhos que busquei em meio às minhas batalhas como esposa. Praticamente todo atual projeto espiritual da Universal voltado às mulheres tem como fundamento principal as experiências que vivi nos anos de casada. Não foi e não é simples, como em um passe de mágica. Exige sacrifício, entrega, amor, confiança e o mais importante: relacionamento com Deus.

Desde a nossa fase de adaptação, eu tinha como objetivo fazer o meu marido feliz. Aguardava Edir retornar do trabalho ou da faculdade com alegria, com compreensão, com um abraço, apesar das reações motivadas pelo temperamento forte dele. Nos dias em que explodia, recordo-me claramente do quanto isso era duro. Ainda assim, esforçava-me para criar um ambiente de paz.

Tentei me manter uma esposa admiradora, a mesma que se encantava com tudo o que Edir fazia enquanto namorávamos. Compreendia que as pequenas atitudes poderiam fazer uma grande diferença, desde que houvesse carinho. Arrumar suas roupas, preparar a comida de sua preferência, deixar o lençol da cama perfumado, sempre manter a casa um brilho. Fazia questão de mostrar que sempre pensava nele com amor. O meu raciocínio era claro: quando estava solteira, pedia um marido para Deus e Ele me deu. Com o passar do tempo, não poderia deixar de valorizar o que Deus fez na minha vida, mesmo em meio às tempestades.

Quando batiam as dúvidas e o sofrimento devido às nossas primeiras crises financeiras, buscava valorizar o pouco que tínhamos.

O encantador sorriso de Edir:
uma lembrança para sempre
na minha memória.

Meu pai é quem me conduziu no seu carro da época até a igreja em Bonsucesso, no Rio de Janeiro. A noite estava deslumbrante.

Após a cerimônia, uma comemoração simples no fundo da igreja com bolo e refrigerante para os nossos convidados. Tudo feito com muito amor.

Um beijo apaixonado quando namorávamos e a nossa lua de mel na cidade balneária de Caxambu, em Minas Gerais.

Além de marido, Edir é o meu pastor. Em 1977 o acompanhei na consagração a pastor, na Igreja da Abolição pequena, e em 1980, na sua consagração como bispo, no templo maior da Abolição.

Alugar o Ginásio do Olaria foi o primeiro passo para as grandes concentrações de fé da Universal. Nesse dia, Viviane sofria com uma infecção grave na boca. Preocupado, mas repleto de convicção, Edir seguiu no seu propósito enquanto eu cuidei de nossa filha. Abaixo, no estádio do Maracanã, em 1986, pouco antes de mudarmos para Nova York.

Um momento de alívio após a prisão: assim que deixamos a delegacia, Edir e eu voltamos direto para a mesma Igreja de onde saímos minutos antes de ser jogado atrás das grades.

Instantes de descontração e carinho com meu marido, como na viagem que fizemos a Israel, e em meio às flores, em Lisboa.

Somos casados, somos amigos, somos amantes. Estamos sempre juntos, vinte e quatro horas por dia, todos os dias.

Em Londres, sempre juntos. Amar é considerar o que é justo. Um respeita a vontade do outro. Assim, vivemos bem para o resto da vida. Esse é o amor que vem da fé.

Edir demonstra afeto com o seu jeito próprio de ser. Vivemos de um jeito simples e bem caseiro em uma das nossas casas, o Templo de Salomão, em São Paulo.

Meu marido passa o dia concentrado em seu escritório, gravando programas de rádio e meditando na Palavra de Deus. Uma das minhas atribuições é manter o silêncio em casa.

Minha família reunida no nosso aniversário de 44 anos de casamento em dezembro de 2015. Em momentos de alegria com Edir e Cristiane e com meus netos, Vera e Louis.

Eu posso falar de família. Sou esposa, mãe e avó. Aprendi com os meus erros, sou como qualquer outra mulher. Após superar nossas diferenças, Edir e eu hoje desfrutamos de uma união cheia de harmonia e felicidade ao lado de nossos queridos filhos, genros e netos.

Com Edir, em visita ao Templo de Salomão na fase final das obras (acima) e no dia da inauguração, quando recepcionamos as mais importantes autoridades do Brasil, um misto de alegria e gratidão. Deus havia nos honrado.

Na sala em que recepcionei as esposas dos nossos convidados ilustres na abertura do Templo, com a pregação de Edir, e em uma reunião especial de quinta-feira na Escola do Amor.

Aceitei com agrado me adaptar a uma nova realidade, com satisfação e sinceridade. Era a minha parte no casamento. Eu estava feliz. Por mais humilde que fosse, cuidava da casa com gosto, mantendo tudo organizado com prazer. Não olhava o lado ruim das coisas. Eu buscava dar valor ao esforço do meu marido.

Também recorria às orações para nunca nos faltar nada. Só podíamos contar com Deus, mais ninguém, para sairmos do sufoco. Tudo sempre foi extremamente complicado e difícil para nós, mas essas dificuldades acabaram mostrando-se experiências riquíssimas quando aprendemos a depender de Deus e a confiar em Suas promessas: *"Fui moço e já, agora, sou velho, porém jamais vi o justo desamparado, nem a sua descendência a mendigar o pão"* (Salmos 37.25).

Meu comportamento tornou-se um elemento decisivo. Minha postura nunca foi de confronto. Evito falar demais. Há uma beleza fundamental no jeito singelo de ser e se expressar. Como já detalhei, Edir é um homem arrojado, explosivo, e esse meu jeito pacato faz o contraponto. Se eu fosse como ele ou se eu falasse muito, não daríamos certo. Os aprendizados que tive com a minha mãe me ajudaram a não reclamar nem ser amarga, negativa ou falastrona. Pelo que passamos até hoje, vejo o quanto esse aprendizado veio de Deus. Sempre achei insuportável uma pessoa resmungona, algo que só dificulta ainda mais a convivência a dois.

Busquei me manter uma mulher tranquila, ponderada, moderada nas palavras. Não fazia cobranças. Eu poderia até estar certa, mas cuidava para não errar no tom de voz com Edir. Jamais esbravejei ao meu marido expressões como: "você nunca paga as contas em dia", "você está sempre nervoso" ou "você nunca me dá atenção". As palavras têm força. Algumas poderiam transmitir a ideia de defeito de caráter e ofendê-lo seriamente.

O fato é que, quando o marido se sente desrespeitado, é difícil ele demonstrar amor à esposa. Quando a esposa não se sente amada, é difícil ela respeitar o marido. Apenas o amor não é suficiente.

Ele é fundamental, em especial para a esposa, mas não se pode deixar de lado o respeito.

Atualmente, Edir se transformou em outro homem, embora ainda tenha seus instantes enérgicos. Às vezes, eu e minhas filhas até estranhamos algumas reações pacíficas e sensíveis por parte dele diante de inúmeras ocasiões. O tempo nos fez assimilar que somos duas cabeças diferentes, ainda que tenhamos a mesma fé no mesmo Deus, mas isso não nos impede de construir um relacionamento feliz.

Em resumo, apesar das minhas falhas e da inexperiência durante o tempo de recém-casada, os conselhos de minha mãe e minha avó prosseguiam comigo: a mulher é quem edifica o lar. Ela recebeu essa capacidade divina. A mulher não recebeu o papel do homem nem o homem recebeu o papel da mulher. Cada um tem seu papel na construção de uma sociedade perfeita chamada casamento. O segredo é cada um fazer a sua parte. A carta do apóstolo Paulo aos Efésios (5.33) ensina sobre a necessidade básica que a mulher tem de amor e a necessidade básica que o homem tem de respeito: "*o marido deve amar sua esposa como ama a si mesmo, e a esposa deve respeitar seu marido*".

Apesar de acumular tantas falhas, busquei seguir essa passagem pela fé, com todas as minhas forças. Respeito o Edir e isso o ajuda a me amar. Quanto mais o respeito, mais ele me ama e vice-versa. É óbvio que eu também o amo muito, mas tenho certeza de que a Bíblia cita o respeito para as mulheres porque temos uma certa dificuldade com isso. Somos aquelas que veem os detalhes, que planejam o amanhã, que sentem tudo o que está acontecendo ao redor e, portanto, muitas vezes é difícil permitir que o homem faça o papel dele. É assim que o respeito sai pela janela e o marido acaba se afastando emocionalmente da esposa.

De volta ao passado, ainda no início do casamento, nossa vida financeira gradualmente começou a apresentar uma ligeira melhora. Pouco a pouco, saímos do aperto. Após três meses e meio, com as economias que conseguimos fazer morando na residência dos meus pais, demos entrada na compra de um Fusca zero. Em seguida, alugamos um novo apartamento, dessa vez no bairro do Grajaú, ainda no Rio. Foi quando, no fim de fevereiro de 1973, descobrimos surpresos a gravidez de nossa primeira filha, Cristiane.

Ser mãe era uma vontade antiga e, sinceramente, era o que eu mais queria naquela época. Edir trabalhava muito e eu ficava muito só em casa, sempre pensava como seria bom se já tivéssemos uma filha. A notícia veio antes do planejado, mas trouxe uma grande alegria à família toda, mesmo consciente de que as condições econômicas seriam ainda mais apertadas. Por esse motivo, permaneci no trabalho durante toda a gestação, até dar à luz. Ao longo dos nove meses, tive desejos de comer certos tipos de frutas. Nada exótico, mas nosso dinheiro ainda não permitia essa regalia. Resolvia minhas vontades correndo para a casa dos meus pais.

Costumava sonhar como seria o rosto da minha filha. Na época, não tínhamos recursos para saber o sexo do bebê, mas, tanto eu como Edir, orávamos para que fosse uma menina. Para ele, a menina seria mais presente conosco e mais fácil para educar. Para mim, seria a boneca que eu sempre quis ter. E não é que Deus respondeu ao meu sonho mais profundo? A minha filha nasceu com o mesmo rostinho que eu imaginava em meus sonhos, uma verdadeira boneca. Rosto perfeito, olhos verdes formosos, jeito meigo e dócil, um encanto de bebê. A graciosidade da minha primeira filha fascinou meu pai, minha mãe, meus irmãos e todos os demais parentes. Eu estava realizada com o nascimento de uma filha tão apreciada. Enfim havia algo para a família admirar em mim. Mas essa sensação prazerosa logo seria sepultada com a chegada de Viviane, como vamos descobrir algumas páginas à frente.

Quando Cris completou dois meses, tive de voltar ao trabalho. Deixava a bebê aos cuidados da minha mãe, e só a via à noite, depois do expediente. Não foi uma tarefa fácil. Sofria por querer estar perto dela justamente nessa fase tão linda. Não me sentia culpada por ser uma mãe incapaz de estar presente vinte e quatro horas, afinal, desejava apenas contribuir no pagamento das despesas do nosso lar. Também ficava feliz ao ver minha mãe tão perto de Cris, mas era duro dar as costas à minha bebê, todas as manhãs, antes de sair para o batente.

Quando a Cris nasceu, o meu tempo, a minha dedicação e o meu cuidado voltaram-se inteiramente para ela. Eu assumi a responsabilidade de sua criação. Tinha orgulho de passear com ela no carrinho de bebê. Conforme crescia, tornava-se uma garotinha linda continuamente elogiada pela minha família e até por desconhecidos na rua, por onde eu caminhava, o que me envaidecia bastante. Fiquei tão espontaneamente envolvida com a Cristiane que não fui capaz de enxergar como Edir passou a ficar em segundo plano.

Na época, eu não percebia isso. Fui saber muito tempo depois, quando Edir admitiu que eu só tinha olhos para a Cristiane, como se sentia excluído daquele momento, deixado de lado como marido e até mesmo como pai. Como nós, muitos casais se prejudicam justamente nessa ocasião, com a chegada do primeiro filho. De maneira geral, é um instante único, extremamente esperado por toda a família. É também uma revolução para a mulher. Gerar uma criança é uma experiência muito forte e o vínculo que se cria também. A mãe fica encantada com o bebê e, ao mesmo tempo, envolvida com as exaustivas tarefas de cuidar de uma criança. Amamentar, trocar fraldas, dar banho, acordar várias vezes durante a noite. A mulher fica quase sem tempo para si própria, imagine para o marido.

Hoje percebo claramente como isso pode ser um erro. Nesse momento, a esposa precisa se empenhar para que o marido continue sendo sua prioridade, impedindo assim o enfraquecimento da relação. Muitos casais brigam e até terminam o relacionamento por causa do filho, por colocar a criança em primeiro lugar e não o parceiro.

Edir acompanhou de perto os primeiros anos de Cristiane, até quando passou a se dedicar integralmente à Igreja e à sua vida missionária. Com o decorrer do tempo, percebi que havia um pastor ao meu lado. Um homem de fé com vocação para levar a mensagem cristã aos menos favorecidos. Só não imaginava a extensão de como Deus o usaria, em todas as partes do mundo, pelas décadas seguintes até os dias atuais. Esse anseio estava arraigado no seu íntimo, pulsava sem parar, a ponto de incomodá-lo constantemente. Mesmo como funcionário público de carreira, ele não passava uma semana sequer sem comentar comigo que iria pregar o Evangelho, custasse o que tivesse de custar. Antes de dormir, sentado em um parque ou caminhando pela praia, ele se demonstrava inquieto ao tocar no assunto.

– Sabe, Ester, eu tenho um chamado. Quero ser usado por Deus para ganhar almas por esse mundo afora. Não vou desistir – revelava, com fibra no olhar.

O sonho da fé estava enraizado no interior de Edir. Vi essa semente ser germinada. Antes, ele precisaria superar a onda de negações e descasos que tentava sufocar o seu maior desejo na vida. E eu, confrontar e vencer as minhas incertezas. Meu marido não seria um pai comum, que chega ao fim de um dia de trabalho e brinca com suas filhas. Por isso, fiz de tudo para compensar sua ausência em casa. Esse foi um papel fundamental que adotei para que a Obra de Deus pudesse prosseguir e não perdêssemos nossas filhas ao longo dessa trajetória, mas isso eu relato mais à frente.

Minhas inseguranças

Por vezes, passamos por situações difíceis na vida e não conseguimos entender o porquê daquilo tudo. Como Deus permite recaírem dificuldades tão grandes sobre aqueles que tanto O servem? Com o tempo, no entanto, sempre entendemos. Conheci os dois lados das finanças, a fartura e a escassez, na minha adolescência, e, na época, não foi fácil me acostumar com a privação repentina.

Mas uma lição ficou: aprendi a não esbanjar e, sim, dar valor ao que temos. Esse aprendizado foi essencial no início do meu casamento, quando passávamos por muitos apertos e Edir precisava do meu apoio e não das minhas murmurações. Procurava dar valor ao suor do meu marido em vez de reclamar as coisas que não tínhamos ainda. Até hoje esse aprendizado vive comigo. Posso comprar em lojas de marca, mas prefiro adquirir roupas e sapatos em lojas de promoções, especialmente nos Estados Unidos, onde encontramos roupas bem mais em conta do que no Brasil ou na Europa.

Mas não é porque sou econômica que não aprecio roupas e sapatos. Teve um período em que perdi um pouco do controle sobre essa vaidade e comecei a comprar sapatos com muita frequência. Edir reclamava:

– Ester, você só tem dois pés! Para que tantos pares de sapatos?

Ele tinha razão. Reconheci que havia adquirido um hábito nada conveniente para uma mulher que decidira servir a Deus aqui e acolá. Decidi fazer um voto de permanecer seis meses sem gastar um centavo com sapatos, renunciando à minha própria vontade. De lá para cá, já não tenho o mesmo encanto por esse acessório do meu guarda-roupa.

Como já disse, não me seduzo por marcas de grifes famosas. Uma bolsa e um vestido caríssimos podem não ser tão bonitos e úteis como os de uma marca qualquer. A moda não determina meu estilo de vestir. Gosto de diferentes cores, com preferência para os tons mais sóbrios como o preto, o azul-marinho e o chamado "off-white" (tonalidade do branco com variação para o bege ou para a cor gelo). A única cor de roupa que não me agrada é o amarelo, mas uso porque é a preferida de Edir. O meu objetivo sempre foi estar primeiramente discreta, para depois estar elegante para o meu marido e as pessoas com as quais convivo. Também não gosto muito de me maquiar, embora Edir goste de me ver de batom e *blush*. Então, uso o mínimo necessário e somente em situações específicas. Mas gosto de ver minhas filhas maquiadas. O tempo e a idade nos provam que tudo não passa de vaidade. Amo comprar roupas para as minhas filhas. Sou capaz de passar o dia inteiro fora apenas caçando peças com descontos para presenteá-las.

Voltando ao tempo de recém-casada, por mais que a fase de turbulência financeira tivesse sido um tanto longa, o que mais me abateu foi quando tive que decidir abandonar a igreja evangélica da qual minha família inteira era membro. Não foi fácil. Enfrentei profundas dificuldades para abrir mão dos cultos de louvor onde me desenvolvi como mulher cristã. O julgamento dos membros se traduzia pelos olhares. Muitos duvidavam da vocação do meu marido. Eu também carregava certos questionamentos no início, quando Edir expunha sua convicção desmedida. Nada mais natural para quem havia nascido dentro de uma denominação evangélica tradicional. Havia estranheza com aquele atrevimento de fé.

Em uma determinada noite, quando ainda não tínhamos filhos, a comida chegou a faltar em casa. Costumávamos sentar no banheiro para fazer as contas. Ele no vaso, eu no bidê. Era o nosso cantinho da conversa no apertado apartamento. Com um pedaço de papel no colo e um lápis na mão, concluí que faltava dinheiro para as compras depois de pagarmos todas as despesas.

– Amor, só temos ovo e água na geladeira. Vamos passar o fim de semana sem nada para comer – disse, desalentada.

Edir se revoltou no mesmo instante. Ele aprendia sozinho a reivindicar de Deus o cumprimento de Sua Palavra.

– Isso não está correto! Somos dizimistas, obedecemos à Palavra de Deus, e não temos comida em casa! Não dá para aceitar isso!

Ele pegou a Bíblia e apontou na promessa de Deus em abrir as janelas do céu para derramar bênçãos sem medidas aos fiéis no dízimo (Malaquias 3.10).

– Está escrito, meu Deus! Está escrito! Ou é ou não é! Tem que acontecer uma resposta. Está escrito!

A minha fé na época ainda não era tão arrojada assim e eu me assustei pela forma como ele falou com Deus. Mas a resposta foi tão imediata que, aos pouquinhos, Edir foi me contagiando com aquele tipo de fé. No dia seguinte, ele seguiu sua rotina habitual no trabalho e, por volta do horário do almoço, recebeu um valor inesperado correspondente à metade do seu salário no mês. Quando voltou à noite, contente, entrou na sala com os braços cheios de pacotes do supermercado e sacolas do açougue. Antes, claro, fez questão de passar na igreja para devolver o dízimo daquele dinheiro repentino. Eu o abracei de alegria. Desse instante em diante, nunca mais faltou o pão nosso de cada dia em casa. Este é um mero exemplo do que Deus fez em nossas vidas nas últimas décadas. A história da Universal é a maior prova viva dessa crença que funciona.

Eu tive que lidar com diversos questionamentos sobre a fé que nunca havia pensado antes. Como meu marido poderia orar de forma tão audaciosa e destemida? Não seria falta de consideração? Como ele se sentia no direito de lutar em oração com o Nosso Senhor? Que petulância era aquela? A maneira ousada como ele se dirigia a Deus em seu clamor me intrigava. O que o motivava a exigir respostas diante do Criador dos céus e da terra? Que direitos eram esses?

A sua fé nascida da revolta, a inteligência com que usa a Bíblia para cobrar de Deus o cumprimento de Suas promessas e a paixão ilimitada e abrasadora pelas almas contrariaram totalmente a cultura evangélica que norteou os princípios da minha família. Tanto na Assembleia de Deus como na Nova Vida, pastores e membros defendiam o caráter cristão e pregavam a salvação eterna da alma; anunciavam Jesus, mas não tinham a garra e a ousadia para abrir mão de tudo em nome do Evangelho. Não havia essa determinação de recuperar os perdidos, custasse o que custasse, como Edir falava tão enfaticamente.

A cada dia mais, ele se tornava uma pessoa irritada, nervosa, impaciente, principalmente quando saíamos das reuniões da Nova Vida. Eu não entendia esse incômodo nele.

– Eu não aceito saber que tem tanta gente indo para o inferno neste momento e nós, egoístas, cantando louvores em um coral – desabafava comigo, inquieto.

Em meio ao nosso dia a dia de recém-casados, pai de uma linda filha nascida havia menos de um ano, algo parecia indigná-lo dia e noite. Um incêndio dentro dele, cujas brasas aumentavam a cada minuto. Era como se Deus o estivesse cobrando. A carreira profissional e os estudos perderam o sentido. Nada mais tinha valor diante de sua obstinação em servir ao Altar. O idealismo de Edir me impressionava.

Certa vez, ao sair de um culto de louvor da Nova Vida, até o trânsito carregado na porta da igreja o tirou do sério. Ao tentar ultrapassar um ônibus, acabou batendo o Fusca novinho, comprado alguns meses antes. Ele forçou a passagem pelo reduzido espaço entre o carro e a árvore na calçada. O farol fechou e o Fusca ficou espremido entre o ônibus e a árvore, bem no meio-fio.

Era exatamente dessa maneira. Ele deixava os cultos transtornado. Com o tempo, compreendi que não desejava simplesmente abandonar aquela igreja. Para Edir, era preciso surgir um pronto-socorro espiritual, aberto vinte e quatro horas, para salvar homens e mulheres desesperados, em busca de uma última saída para sua vida. E esse resgate de fé deveria se espalhar por todos os continentes, em todos os idiomas, entre povos das mais distintas etnias, nas nações mais distantes do planeta. Eu e ele não sabíamos, mas era o embrião da Igreja Universal do Reino de Deus dentro de sua mente.

Permanecemos como membros da Igreja Nova Vida por longos onze anos. Eu o vi durante todo esse período batalhar incansavelmente por uma única oportunidade que nunca surgiu. Não era para ser. Edir se sentia encarcerado em uma instituição que o considerava incapaz de ser usado para pregar. Ele sabia que seu lugar era no Altar resgatando almas do inferno. Um dia resolveu agir. Ao chegar em casa, certa noite, apenas me comunicou que abandonaria a Nova Vida de uma vez por todas. Não havia margem para discussões. Sua confiança era irrestrita. Sua certeza, inquestionável.

Ao saber da decisão, o fundador da Igreja, o bispo canadense Robert McAlister, nos convocou para uma conversa reservada. Eu acompanhei meu marido tentando acalmá-lo. Educado e de maneira respeitosa, o bispo nos disse que se sentia infeliz com a notícia e aconselhou o Edir a não tomar nenhuma atitude.

– Bispo Robert, já expliquei ao bispo Tito. Há vários anos espero uma oportunidade que não chega nunca. Não suporto mais ver nossa Igreja na presença de Deus e as pessoas lá fora sofrendo. Eu quero ganhar almas, mas não me deixam – argumentou meu marido.

McAlister ouviu, resignado. Apenas afirmou que compreendia, mas pediu para conversar comigo em particular em outra oportunidade. Dias depois, fui até a sua sala na igreja.

– Calma. É só fogo de palha, Ester. Não se preocupe. Edir está muito empolgado. Eu desejo muito que vocês continuem na nossa igreja – afirmou McAlister.

Naquele momento pensei em responder, mas por respeito ou por achar que não valia a pena argumentar, me calei. Apenas abaixei a cabeça. Eu sabia o que movia o meu marido.

– Fique tranquila, Ester. Eu garanto: isso que o Edir está vivendo é uma simples nuvem passageira – acrescentou McAlister.

Não era e nunca foi. Daquele dia em diante, ele passou a se dedicar às iniciativas solitárias de divulgação da Palavra de Deus até que encontrasse um caminho definitivo a seguir, ou seja, até surgir a oportunidade de pregar o Evangelho no altar. Aquela indignação vinha de Deus. Quando Deus escolhe é assim: vem o querer para que o realizar venha logo depois.

Por causa dos meus pais e irmãos, sobretudo, eu permaneci ainda mais alguns meses assistindo aos cultos na Nova Vida. Como não tinha dinheiro do ônibus para visitá-los durante a semana, aproveitava o domingo para os reencontrar.

Não foi uma decisão que me fez bem. Eu notava os olhares dos membros antigos e pastores que agora me viam sem Edir. Muitos sabiam que meu marido havia buscado um caminho próprio e, inegavelmente, pareciam julgar pela forma como me observavam quando caminhava pelos corredores da igreja, entrava ou saía ao final de um culto. O que me incomodava, contudo, era uma cobrança interior.

Onde estava a minha outra metade? Por que não permanecia ao lado dele mesmo longe da Nova Vida? Uma exigência no meu íntimo borbulhava a cada dia com mais intensidade. Algo me dizia que o meu lugar era junto ao meu marido. O domingo parecia vazio sem Edir comigo nas reuniões. Não carregava culpa, os cultos me preenchiam, mas eu precisava estar ao lado dele. Meu prazer de estar naquela igreja foi se perdendo aos poucos até que desapareceu completamente. Deus havia me escolhido tanto quanto ele, e eu não poderia mais negar esse chamado por causa dos meus familiares ou dos meus costumes. Minha alegria passou a ser viver de perto a entrega de Edir pela causa da Palavra de Deus.

Sem descansar ou ter lazeres, meu esposo passou a evangelizar em hospitais, asilos, áreas pobres e comunidades carentes no Rio, ao mesmo tempo que trabalhava na Loteria. Ele sabia o que queria e não voltaria atrás. Tentou um espaço como pastor em outras denominações, porém sempre ouvia "não". Foram várias tentativas. Novamente era colocado de lado, excluído, diminuído.

Em suas orações, ajoelhado, isolado em casa, ele perguntava qual o motivo para tanta frustração. Eu acompanhava tudo ao seu lado. Não tinha muito o que fazer, mas estava ali perto. Sabia que se fosse da vontade de Deus, em algum momento as portas se abririam.

Como esposa de alguém que se lançava em uma jornada tão desafiadora, é evidente que certos temores rondavam minha mente. E se tudo desse errado? E se os planos de ter uma igreja viva e verdadeira, alicerçada nos princípios bíblicos, fossem frustrados? E se meu marido não permanecesse firme nessa trilha com o seu alvo bem definido? E se ele não tivesse a capacidade de administrar um trabalho espiritual? E se ninguém acreditasse nas palavras dele? Ou não conferisse credibilidade às suas pregações? Qual seria o seu futuro como pastor? Ele teria mesmo esse talento concedido pelo Espírito Santo?

Fui atingida pelos mais diversos e agressivos pensamentos negativos como toda e qualquer mulher. Como esposa, combati as dúvidas com as armas da oração, da meditação nas promessas de Deus e na confiança irrestrita de que a vontade do meu Senhor seria realizada. Não questionei meu marido nem o atormentei com as incertezas que tentavam me culminar.

Edir estava mais do que determinado: era necessário começar uma obra espiritual do zero. Aos poucos, começou a idealizar o modelo considerado exato para a igreja dos seus sonhos. Um projeto capaz de provocar um abalo no inferno. Só tinha um problema: como começar uma obra sem estrutura ou condições financeiras? Como alcançar seu objetivo mantendo a carreira estável de funcionário público, com um salário razoável e diversos benefícios?

Era preciso uma definição. E ela veio com o surgimento de um repentino drama que abalaria nossa casa. Um pesar capaz de unir, ainda mais, a nossa família e conduzir Edir a um ato definitivo para revolucionar sua vida e dar origem a um dos maiores movimentos de fé do mundo.

Eu viveria esse sofrimento na pele.

A história que me faz chorar

É necessário confessar. Eu não estava preparada para suportar uma fase tão delicada na minha vida. Sinceramente, eu não tinha maturidade nem estrutura emocional, e até espiritual, para enfrentar a realidade de uma filha com deficiência. Não estava pronta. Nenhuma mãe nunca está, mas o amor pelo bebê e o nosso instinto feminino fazem brotar uma força interior que sequer imaginamos. No meu caso, havia minha crença no Espírito de Deus para me fortalecer e dar a confiança de que os dias terríveis passariam, minha filha teria sua saúde restaurada e tudo ficaria bem, o que não significou, em momento algum, que o suplício deixou de ser menor.

Cada dia, cada hora, cada minuto, do instante em que Viviane nasceu até quando tive a certeza de que ela estava cem por cento recuperada, eu sofri. E agonizei sozinha essas dores. Da primeira imagem de minha filhinha com as falhas na boca até acompanhá-la fielmente crescendo em meio a tantas dificuldades, entre remédios, cirurgias e tratamentos sem fim, semana após semana, foi impossível não conviver com a angústia.

Como dormir com tranquilidade com uma bebê nesse estado? Como ter paz vendo sua filha não se alimentando direito? Como ser uma mãe feliz conduzindo sua criança recém-nascida, aos prantos, para tantas operações, uma atrás da outra? Não havia um dia sequer que eu fechava os olhos e respirava com tranquilidade. Logo, as preocupações me abatiam. Como Viviane está agora? Será que vai conseguir sugar o leite na próxima hora? E se contrair uma doença com o seu grau de imunidade tão baixo? A bebê que não se alimenta bem é alvo fácil das enfermidades. Minha filha aguentará a sucessão de medicamentos e intervenções agressivas? Como suas veias tão frágeis suportarão as incontáveis quantidades de picadas e anestesias? Ela se recuperará no decorrer do tempo? A bebê que tanto amo conseguirá ser uma criança como as demais? Conseguirá ser uma adolescente sadia e realizada?

Por mais fé que tivesse naquele tempo, não existe mãe no mundo capaz de não sofrer por sua filha. Eu vivi o martírio. Padeci dia após dia e assumo isso, três décadas depois, como nunca fiz antes, de forma transparente e sem receios. Faço isso para mostrar às mulheres como o nosso Deus me amparou, consolou, guardou minha família, sustentou a minha fé e, por mais doloroso que fosse tudo aquilo, Ele sempre esteve à frente da minha vida porque confiei com todas as forças.

Essa fase de desconsolo começou com a repentina notícia da minha segunda gravidez. Edir e eu fomos tomados de surpresa. Não havíamos planejado ter outro filho logo na sequência do nascimento de Cristiane, mesmo porque ainda tentávamos estabilizar nossa vida financeira. Jovem e inexperiente, eu ainda aprendia a lidar com uma criança. Nesse período, fomos ao hospital para realizar um exame de radiografia no abdômen. As crises de vesícula faziam-me contorcer de dores. Bastava ingerir algum derivado de leite para sofrer um novo ataque. O problema é que fiz o teste sem me dar conta de que poderia estar grávida. A carga de radiação do exame, quem sabe, pode ter influenciado de alguma maneira a formação do feto. Essa é apenas uma desconfiança da nossa parte.

Enfrentei a gravidez sem maiores contratempos. No dia do nascimento de Viviane, fui internada sozinha na maternidade do Instituto de Assistência dos Servidores do Rio de Janeiro, no centro da cidade, assim que tive a primeira sequência de contrações. Era uma tarde de quinta-feira. Naquela época os médicos tentavam o parto normal até o limite. Era um tempo em que o hospital não permitia a presença de um acompanhante às mulheres nesse momento tão vulnerável para nós.

Como não havia dilatação suficiente, os médicos optaram pela cesárea na sexta-feira, dia 18 de janeiro de 1975. Eu estava exausta com o efeito da anestesia. Quando Viviane nasceu, os médicos a mostraram rapidamente para mim. Eu a vi em um simples relance.

Os enfermeiros levaram a bebê para o teste do pezinho e para os cuidados de praxe, mas ela não voltou para ser amamentada. Não retornou para os meus braços. Eu me mantinha sozinha na cama do hospital, sem poder levantar e sem ninguém ao meu lado. Procurava manter a calma, mas a apreensão crescia. Passou um dia, passaram-se dois dias e nada de ver a minha bebê. As outras mães amamentavam seus filhos, mas eu continuava sem ter Viviane nos meus braços. Sem saber o que estava acontecendo.

Chamava as enfermeiras, perguntava a todas sobre minha filha e nada. Justificavam que só falariam comigo na presença do pai. Finalmente o domingo chegou – o hospital restringia as visitas para esse dia da semana –, quando Edir pôde, então, saber o que se passava. Quando chegou ao quarto, ele notou meu desespero e perguntou:

– Cadê nossa filha, Ester?

Segurando o choro, mas sem conter a tensão, expliquei:

– Não sei, Edir. A enfermeira não me diz nada. Só fala que ela está bem e aos cuidados do berçário. Estou preocupada. Veja se descobre alguma coisa.

Sabíamos que algo não estava bem. Edir correu atrás da equipe de enfermagem.

– Moça, cadê minha filha? Cadê minha filha? Eu quero ver minha filha! – perguntou, aflito.

As enfermeiras não queriam falar comigo. Não sabiam como seria a minha reação e por isso esperaram o dia da visita para falar com o pai. Uma atitude que somente tornou a espera mais aflitiva. Eu só sabia que minha filha estava viva e nada mais. A chefe da enfermagem chamou Edir para confirmar o nome da mãe.

– Sim, é Ester. Ester Eunice Rangel Bezerra – disse ele.

– Calma, pai. Já vai chegar. Fique tranquilo – afirmou, um tanto agitada.

Em seguida, o levaram até outra sala.

Eu permanecia de repouso no quarto esperando ansiosa por alguma notícia, pensando no que poderia ter acontecido com minha menina. A dúvida era cruel demais. Naquela sala, dois médicos se aproximaram de Edir para prepará-lo para ver a criança. A enfermeira mostrou a bebê. Enrolada em um cobertor, a nossa filha Viviane. Ela era bem magrinha, com olheiras profundas e com o rosto acometido com defeitos. Duas aberturas nos lábios e uma fenda no céu da boca.

– É uma deficiência física de nascença, ela está bem – explicou o médico, na tentativa de consolar.

– Chamamos de lábio leporino e palato fendido – acrescentou.

– Mas o que é isso, doutor? – indagou Edir, angustiado.

– Em resumo, é uma má-formação congênita.

A enfermeira chegou com a bebê no quarto. Ansiosa, olhei para Edir em busca de uma resposta.

– Melhor você não ver, é muito feio – ele me disse.

– Eu quero ver. Eu preciso ver.

– Calma, é difícil. Você precisa ser forte – avisou, já segurando minhas mãos.

Não consegui me segurar. Havia chegado ao limite. As lágrimas rolaram pelo meu rosto. Ao olhar novamente para Edir, o vi chorando também. Tentava limpar meus olhos encharcados. Era impossível me acalmar, a dor era profunda.

Sozinhos, exprimimos nosso pranto por alguns minutos em silêncio.

Apesar do susto com a notícia, Edir e eu amamos a criança no mesmo momento. Mas também pensava em como cuidaria de um bebê necessitado de atenções especiais. Como seria o crescimento dela com aquele problema físico? De que maneira enfrentaria uma deficiência que eu nunca sequer havia pronunciado o nome? Muitos pensamentos rodavam pela minha cabeça. Não conseguia raciocinar com clareza. Estava em choque.

Edir, ao contrário, parecia revoltado. Como um homem de fé, ele colocou a sua dor nas mãos de Deus. Sofria por prever a rejeição de que nossa filha seria vítima na escola durante a infância e a adolescência e, talvez, pelo resto da vida. Temia pelo seu amanhã. Ele sentiu a dor na infância com as piadinhas dos meninos da escola por causa de sua deficiência de nascença nas mãos. Sabia o que era ser excluído, zombado, debochado.

De repente, fechou a porta do quarto e disse que iria falar com Deus ali, naquele instante. Em oração, cerrou as mãos e, com raiva, esmurrou a cama inúmeras vezes. Ele exprimia as palavras com indignação:

– Meu Deus, agora ninguém vai me parar. Não tem família, não tem esposa, não tem futuro, não tem sentimento, não tem nada. Ninguém vai me parar! Ninguém, ninguém! Chega, chega!

Ao terminar a oração, Edir se virou para mim e determinou que, a partir dali, sacrificaria sua vida inteira no Altar para levar consolo aos menos favorecidos e aos rejeitados. Sua prioridade seria servir a Deus. Sim, porque ajudar os aflitos, como ele se sentia naquele momento doloroso, significava servir a Deus. O emprego estável, o salário garantido, o tempo dedicado à carreira, os objetivos pessoais ficariam definitivamente para trás. A Igreja Universal do Reino de Deus surgiu ali.

Ao deixar o hospital, no meio daquela tarde de domingo, meu marido foi para o apartamento de sua mãe. Na maternidade, sozinha, eu não conseguia parar de pensar nas agonias que Viviane enfrentaria ao longo da vida. Eu tentava prever o que viria pela frente, tentava lidar com os meus sentimentos de mãe atingidos em cheio por aquela cena de algumas horas atrás. Uma imagem que me marcou para sempre. De que forma eu conseguiria cuidar dela? Como seriam as minhas reações diante de suas dores? O que eu poderia fazer para diminuir o seu sofrimento? Eu teria capacidade de ser uma boa mãe?

Essas perguntas martelavam sem cessar.

Pensava, ainda, nos obstáculos financeiros que surgiriam dali em diante. As contas continuavam apertadas, a gravidez das nossas duas filhas não foi planejada. Cinco meses após o nascimento de Cristiane, fomos pegos de surpresa com a nova gestação. Eu tomava anticoncepcionais, mas não me adaptei aos medicamentos e sofria com náuseas e mal-estar. Também usávamos preservativo, mas não deu certo. Com a chegada de Cristiane, em um primeiro momento, Edir aumentou suas atividades profissionais para complementar a renda de casa, mas, ainda assim, não era suficiente.

Assim que meu esposo chegou à casa de dona Geninha, sua mãe, a família soube do problema de Viviane. Ali também mostrou sua revolta, na frente de todos os parentes, confirmando que passaria a resgatar as almas perdidas. Mesmo sofrendo em silêncio, eu o apoiaria integralmente em todas as suas decisões.

Fiquei em observação por mais cinco dias no hospital. Ao retornar, iniciamos uma longa batalha para criar Viviane com saúde. Era um verdadeiro tormento. O primeiro desafio, diário, era a alimentação com leite. A bebê não podia ser amamentada porque não conseguia fazer sucção. Mesmo pingando leite na colher, de gota em gota, ainda corria o risco de engasgar devido à ausência do céu da boca. Dez dias em casa, Viviane engasgou e começou a ficar roxa. Cada vez mais roxa e não voltava. O desespero tomou conta de mim. Eu via minha filha sufocada, morrendo. Só consegui gritar:

– Edir, pelo amor de Deus! Ela não está respirando. Faça alguma coisa, faça alguma coisa, ela vai morrer!

Não sabíamos o que fazer. Viviane sem ar. Não deu tempo de orar. Não dava tempo de pensar. O desespero tomou conta de mim. Imediatamente, meu marido tomou a bebê dos meus braços, levantou-a para o alto e gritou:

– Jesus!

Viviane tossiu e retomou a respiração. Um alívio para todos nós.

Infelizmente, outras cenas semelhantes se repetiram algumas vezes tamanha era a dificuldade em alimentá-la. Essa talvez tenha sido uma das minhas maiores angústias a sós com Viviane. A aflição de vê-la batalhando para colocar comida dentro de sua boca. Um ato simples para qualquer mãe, garantia de crescimento saudável para o filho, era uma tortura para mim. Eu sempre preparava a comida pessoalmente para as meninas. Enquanto cozinhava, a tristeza já me atingia apenas pela ansiedade de não saber se Viviane conseguiria se alimentar. Já um pouco maior, o alimento que eu colocava na sua boca, por vezes, voltava pelo nariz. O leite se misturava à sujeira do nariz e me provocava náuseas. Eu não conseguia continuar dando comida para ela. Corria para o banheiro, enjoada, e chorava. Simplesmente chorava.

Não havia com quem desabafar. Meu marido estava debruçado sob suas responsabilidades no trabalho da Igreja. Meus irmãos moravam distantes e, por mais que meus pais morassem perto, não queria dar preocupações a eles. Então, suportei tudo sozinha. Eu e Deus. Sua Palavra era o meu alívio.

Todas as fases da infância de Viviane foram repletas de dificuldades. É impressionante como pareço ter vivido ontem cada um desses desesperos. Na hora de arrumar uma pequena mala para levá-la ao hospital para ser operada, a bebê parecia intuir que viveria uma nova série de dores e procedimentos médicos. Ela ficava agitada, chorava sem parar. A recuperação era penosa, com sangramentos, inchaços na pele, cortes e pontos cirúrgicos na boca e seguidas ameaças de inflamações. Minha vontade era trocar de lugar com ela. Eu me sacrificaria para minha filha não sofrer.

Entre cirurgias e tratamentos

O crescimento de Viviane trouxe novas complicações para sua saúde. Ela sempre se alimentava mal, por isso, com facilidade tinha doenças como resfriados fortes e infecção urinária. Desde o dia em que nasceu, os médicos já nos alertavam sobre a necessidade de uma esgotante e cruel sucessão de operações delicadas no seu rosto. Ao total, foram doze cirurgias até a pré-adolescência.

Em todas, como qualquer criança, Vivi sentia-se muito nervosa por causa da aplicação das anestesias. Não sabíamos o que fazer para acalmá-la. Nos pós-operatórios, vomitava muito sangue devido às agressivas interferências na face. Ela não se recorda de nada dessa primeira infância a não ser de chorar muito ao ser levada pelos médicos para longe de mim no hospital. Era só uma criancinha indefesa, não entendia por que tinha de operar, não conseguia identificar seu problema físico ainda.

A primeira cirurgia foi aos nove meses. Isso mesmo: apenas nove meses! Não é preciso descrever muito para compreender a dor de uma mãe ao levar sua filha recém-nascida para uma mesa de operações. Os enfermeiros demoravam em acertar a veia nos braços dela, já que era bastante miudinha, e foram obrigados a furar uma de suas coxas. Eu a acompanhei na entrada ao centro cirúrgico. Um procedimento doloroso para mim e para a bebê. Até a equipe de enfermeiros se compadecia.

Nas cirurgias seguintes, Viviane não me largava por nada. Chorava, agarrada aos meus braços, e se debatia quando a chamavam para o procedimento médico. Eram sempre anestesias gerais. Com todo amor, eu vestia o roupão do hospital apenas para distraí-la no acompanhamento ao centro de tratamento pediátrico. Entrávamos juntas, com ela no meu colo. Quando eu a colocava na maca, logo começava a gritar. Meu peito parecia rasgar de aflição.

As intervenções na sua face eram sempre arriscadas porque Viviane não tinha volume de sangue suficiente para operações de grande porte. Certa vez, tivemos de juntar amigos e familiares doadores de sangue para uma cirurgia repentina.

– Mãe, ela precisa de muito sangue. Sua filha é pequena demais para a idade dela. A operação vai fazê-la ter uma forte hemorragia – alertou o cirurgião, me assustando.

As cirurgias demoravam horas para terminar. Enquanto isso, eu não arredava pé da recepção do hospital à espera de notícias. Assim que era liberada, corria para ficar próxima de Viviane, ainda desacordada, apenas para segurar sua mãozinha e dar a ela a segurança e o conforto de sua mãe por perto.

Uma das cirurgias mais complexas foi a que fechou o palato. A intervenção afetou os ossos e a arcada dentária. Depois, durante a recuperação, Viviane foi obrigada a ficar com a boca amarrada, costurada. Não podia comer, o rosto estava inchado. Eu colocava um pequeno canudo para auxiliá-la a tomar líquido.

– Ester sofreu mais do que eu. Ela vivenciou todos os passos da Viviane, estava a cada minuto ao lado dela – relembra Edir.

Jamais contei para o meu marido os inúmeros sofrimentos dessa época. Eu aguentava tudo de forma solitária. Sabia que Edir estava envolvido com os compromissos da Obra de Deus. Muitas vezes, era obrigada a consolar as mulheres na igreja, quando eu mesma necessitava de consolo. Sabe o que é chegar em um templo e ser vista por uma multidão como a última esperança, enquanto, bem no meu íntimo, eu mesma procurava uma tábua de salvação? Isso ocorreu durante toda a fase do crescimento de Viviane. Por várias horas, eu deixava de olhar para mim e assistia aos necessitados. Dedicava meu tempo escasso para aconselhar e orar por moças e senhoras com os mais variados tipos de dilemas. Gente sofrida que chegava naquele início da Universal. Minhas orientações seguiam quase sempre o mesmo dizer:

– A senhora precisa confiar em Deus. Jesus disse que no mundo teríamos aflições, mas deveríamos ter bom ânimo porque Ele venceu o mundo. Viva isso para vencer sua aflição. Não desanime, siga adiante, de cabeça erguida, olhando para a frente. Creia que tudo vai passar.

Ao chegar em casa, diante dos meus desafios com Viviane, imediatamente me recordava das palavras que repetia na igreja. Era a minha vez de aplicar o meu próprio aconselhamento. Da teoria para a prática.

Chorar escondido passou a fazer parte da minha rotina. Eu sabia que era preciso caminhar adiante sem espalhar o pânico em casa, sem murmurar para meu marido, sem deixar de ser a companheira de que ele tanto necessitava. Para atenuar a agonia, pensava nos problemas dos que chegavam até Edir na igreja. Certamente, seriam situações piores, talvez até mais dramáticas. Isso ajudava a compreender o esforço do meu esposo. Ao menos eu conhecia a saída do labirinto, corria para me abrigar no refúgio do Espírito de Deus, mas, e aquela gente abandonada? Quem seria por aquela infinita quantidade de pessoas clamando ajuda? Mesmo pagando o preço da dor pela ausência do meu marido, eu teria de apoiá-lo.

Minhas palavras e gestos em casa ganharam uma grande importância. Aprendi a apreciar os pequenos momentos de alegria com toda a família e a valorizar os poucos minutinhos de contato com Edir, sem cobranças ou reclamações, mesmo gemendo de preocupação com o estado físico de Vivi. Não foi simples.

Por vezes, não me senti suficientemente capaz de superar tantas barreiras. Os obstáculos se agigantavam por todos os lados. Era como se uma imensa onda caísse sobre mim a cada dia e me arrastasse para águas profundas. Quem me resgataria? De onde viria a salvação? Quem estenderia a mão para mim?

A minha fé estava à prova.

Enquanto isso, eu não podia dar tanta atenção para minha primogênita. Minha mãe ficava com ela para que eu pudesse levar a Vivi aos seus variados tratamentos. Quando estávamos juntas, repetia para a Cris o quanto ela estava sendo boazinha em ceder para que eu cuidasse de sua irmãzinha. Fui agraciada pelo temperamento bom de minha filha mais velha em ser compreensiva e não demandar de mim o que na época eu não podia lhe dar.

Com o tempo, Cristiane se transformou não apenas na melhor amiga de Vivi, mas em sua maior protetora. Ela defendia a caçula das outras crianças. Ajudava a interpretar o que a irmã dizia. Nem sempre era fácil entender sua fala, apesar de realizar exercícios de fonoaudiologia. As duas viraram companheiras inseparáveis.

Coube a mim, também de maneira solitária, administrar as crises da infância geradas em razão da deficiência de Viviane. Na escola, ela vivia sofrendo *bullying*, mas não me contava. Ela chegava em casa e descontava na irmã. Ao mesmo tempo que eram amigas inseparáveis, viviam brigando e, por vezes, eu sabia que Vivi estava apenas descontando sua raiva na irmã. Eu corrigia as duas e vivia dizendo a Cris para compreender sua irmã mais nova. Quando fomos morar nos Estados Unidos, as duas sofreram *bullying* e também não me contavam. Aliás, só soube o que elas passavam muitos anos depois. Minhas filhas tinham uma a outra para desabafar e eu não sabia. Elas se tornaram verdadeiras aliadas!

Eu me empenhava ao máximo para que encontrassem em nosso lar um ambiente acolhedor e repleto de afeto. Elas sabiam que em casa sempre estariam amparadas. Elas tinham um porto seguro.

Os médicos diziam que os complexos de Viviane jamais se apagariam, mesmo na fase adulta, mas o encontro dela com o Senhor

Jesus eliminou esses sentimentos negativos. Ao longo dos primeiros anos de sua criação, também senti o preconceito como mãe de uma criança com deficiência. Para quem adorava receber elogios pela beleza e simpatia da primeira filha, a chegada de Viviane me apresentou uma situação oposta.

Por vezes, pegava o ônibus para levá-la ao tratamento no hospital e muita gente suspirava de aversão. Eu percebia os olhares incomodados.

– O que tem na boquinha dela? Meu Deus, o que aconteceu com o seu rosto? – questionava alguém ao meu lado.

– Nossa, você colocou uma chave no seio? Quem faz isso tem filho assim. É simpatia – palpitava outro.

Muitas mulheres me diziam que era mau-olhado. Ouvi vários absurdos. Perguntavam-se o que eu tinha feito de errado, como se aquilo fosse uma punição divina. Quando ouvia um comentário maldoso sobre minha filha, aquilo doía diretamente em mim. Sofria ao me deparar com a discriminação nas ruas, voltava para casa arrasada. Às vezes, escondia o rosto da bebê com uma fralda apenas para evitar ouvir mais tolices.

Eu observava as mulheres fumando, soltando palavrões, incrédulas, com um bebezinho perfeito no colo, cheio de saúde, e a minha filha naquela situação. Justamente eu que tinha uma vida íntegra com Deus. Por mais que você tente, não há como não fazer comparações. Alguns parentes se escandalizavam com a aparência de Viviane e evitavam visitá-la. Nenhuma mãe quer ver seu filho tratado de forma diferente. Uma de minhas cunhadas, grávida na época, chegou a ser proibida pelo marido de conhecer nossa filha. A primeira vez que meu pai viu a Vivi é outra cena que não se apagou da minha memória.

– Coitada da minha filha – exclamou ele, apavorado, ao colocar as mãos na cabeça.

A situação, já bem complicada, parecia aumentar de gravidade diante das reações da família.

Até hoje, Edir e eu não conseguimos recordar tudo o que vivemos sem conter as lágrimas.

A tristeza batia forte, mas segui adiante cuidando de Vivi com todo zelo e amor. O que deveria provocar uma avalanche negativa de brigas e discórdias fortaleceu ainda mais minha união com Edir. Crescemos em nosso relacionamento, crescemos como ser humano, crescemos em nossa fé. Enquanto o nascimento de Cristiane nos afastou um pouco, devido ao meu entusiasmo de mãe de primeira viagem, o nascimento de Viviane nos uniu demais e, de quebra, nos levou a tomar um dos passos mais ousados até hoje: a independência. Se nossa filha não tivesse nascido com lábio leporino, a Universal não existiria. Saber disso não significa que atravessei toda essa fase da minha vida com facilidade. As aflições deixaram marcas encravadas. Vestígios vivos de muita dor.

"E sabemos que todas as coisas
contribuem juntamente para o bem
daqueles que amam a Deus, daqueles que
são chamados segundo o seu propósito."

(Romanos 8.28)

CAPÍTULO 3

O desafio da renúncia

Meu marido em outra realidade

Costumo repetir que sou a ovelha número um de Edir. Certamente não existe outra pessoa no mundo que mais vezes assistiu aos cultos do meu marido, nos mais remotos lugares, em distintas línguas, para multidões ou para um grupo reduzido de gente, nas mais diferentes épocas. Eu sempre estive lá. Desde nossa origem, acompanho tudo de perto, com máxima atenção e a mente vigilante aos detalhes de cada reunião.

Permaneço assim até os dias atuais. Muitos estranham quando, em determinadas ocasiões, observo-os de olhos abertos durante os cultos de Edir. Gosto de ver como as pessoas estão reagindo a sua oração, ser os seus olhos ali, entre as pessoas, observar o que se passa quando ele está lá no altar, orando por elas. Oro junto com ele, em espírito, por todas elas. Não economizo palavras na hora de criticar ou elogiar o desempenho dele depois da reunião.

Sempre procuro ter um comentário construtivo a fazer, reconhecendo que não acerto o tempo inteiro. Acompanho a inspiração de sua mensagem do começo ao fim, buscando identificar os possíveis erros. Sei quando Edir fala no Espírito e quando fala na carne. Percebo quando precisa de oração em pleno momento da reunião. Procuro orar por ele o tempo todo para que suas palavras sejam dirigidas por Deus, para executar tudo conforme a orientação do Espírito Santo, porque somente assim as pessoas poderão realmente ser ajudadas a encontrar a verdadeira vida que há no Senhor Jesus.

Fico tão atenta e envolta no mesmo espírito que, às vezes, antes de Edir falar, a mesma palavra já vem à minha boca. Se o vejo desviando o assunto, perdendo o foco de sua pregação, imediatamente elevo meus pensamentos a Deus intercedendo por ele. Peço para que não se desvie do objetivo de sua mensagem. Assim que a reunião termina, logo expresso o que porventura faltou ser mencionado. Argumento o que poderia ter sido mais enfatizado ou não. Nas reuniões seguintes, alegro-me em vê-lo colocando em prática as minhas observações.

Nunca comento, mas fico realizada em ser usada por Deus em instantes tão importantes para a salvação de muitos. Também não poupo elogios quando saio de uma reunião extraordinária, destacando para ele os pontos altos em que as pessoas foram tocadas e eu também. Tenho a missão de incentivá-lo sempre que necessário. Sou a fã número um de seus cultos. Suas revelações bíblicas me surpreenderam ao longo das últimas décadas e continuam me impressionando hoje.

Nem tudo foi sempre assim.

Estranhei quando deixei a minha antiga igreja evangélica para assistir às suas primeiras reuniões, ainda nos anos do cinema e do coreto e, em um período seguinte, quando a Universal havia acabado de nascer. Não foi fácil para mim. Eu conseguia ir à igreja apenas duas vezes por semana, às quartas e aos domingos, o que me fazia extremamente dependente da qualidade do alimento espiritual dessas reuniões. A Palavra da denominação que frequentávamos tinha conteúdo de maior profundidade para quem já conhecia os textos bíblicos. Deixava os cultos fortalecida no meu interior, mas, ao mesmo tempo, triste por não estar ao lado do meu esposo. O louvor também era diferente. Passávamos horas orando e cantando músicas de adoração.

Os primeiros cultos realizados por Edir não eram assim, nem nos dias destinados aos membros, como conhecemos na Universal hoje. A mensagem era básica, para quem nunca havia ouvido ou lido uma linha sequer da Palavra de Deus. Engatinhava nos ensinamentos da Bíblia. Os momentos de busca, muitas vezes, davam lugar aos clamores de libertação espiritual.

É como se eu estivesse na universidade e fosse obrigada a voltar a estudar no primário.

Meu marido não se importava com isso. Desejava acima de tudo salvar almas, socorrer aquela multidão de sofridos. Não estava acostumada a essa briga radical pelas almas. Minha criação como evangélica tradicional valorizava a palavra, as canções, o conforto, a exortação e o estímulo religioso aos membros. Não se importavam com os aflitos do lado de fora.

Eu estava longe da realidade de Edir. Esse fogo ardente, a paixão do tudo ou nada pela salvação das pessoas, acendeu dentro de mim algum tempo depois, quando passei a conviver com o sofrimento de quem o procurava e conheci de perto incríveis histórias de transformação de vida. De certa maneira, é um fato, "regredir" espiritualmente foi uma enorme dificuldade para mim.

Não foi apenas isso.

Vivi outra época de apreensão quando Edir decidiu abandonar o emprego para seguir seu objetivo de se dedicar cem por cento ao Evangelho. Essa decisão de renunciar a tudo aconteceu em poucos minutos no quarto do hospital, dias após o dramático nascimento de Viviane. Não faltavam motivos para as minhas preocupações como mãe e esposa. Em uma análise estritamente natural, a decisão contrariava a lógica. Era um ato de loucura.

Como pedir demissão de um emprego público, com dezesseis anos de carreira, depois de alcançar o posto máximo na chefia do seu setor? Edir já havia sido promovido a chefe da Tesouraria. Um expediente de apenas quatro horas por dia, além de benefícios e regalias alcançadas pelo período de funcionalismo seriam simplesmente sacrificados? A estabilidade conquistada em um longo tempo de dedicação seria perdida assim, de uma hora para outra?

Trocaria o certo pelo duvidoso em um ato de crença? O desemprego estava por todos os lados.

Sinceramente, não existe uma mulher forte o suficiente para não se alarmar com uma situação como essa.

O salário do fim do mês já era apertado para a família apenas com uma única filha. De que forma abriríamos mão do dinheiro que pagava as despesas básicas da nossa casa, agora com duas crianças para sustentar? E o pior: com a demissão do emprego, Edir perderia automaticamente os direitos ao plano de saúde do governo. Era com ele que contávamos para pagar as despesas de cirurgias e medicamentos para o tratamento da pequena Viviane.

Como ficaria nossa situação? Que mãe não entraria em parafuso? Que mulher não tentaria convencer o marido da insanidade daquela decisão?

É nessas horas que a nossa confiança em Deus é provada. Desde que me conheço por gente, pedi para que Deus fizesse a vontade dEle em minha vida e não seria agora que eu duvidaria de fazer parte de Seus planos. Como esposa, apenas me calei e confiei no ato de convicção do meu marido e, sobretudo, na direção de Deus. Foi uma atitude de fé mesmo. Não havia margem para questionamentos ainda que as preocupações viessem à minha mente. Edir estava mais do que decidido pelo caminho a seguir. Ele, o arrojado em tomar as atitudes de revolta, eu, a confiante de que Deus nos sustentaria em tudo.

Poucos dias depois de deixarmos a maternidade, ele procurou o setor de Recursos Humanos da Loterj e entregou sua carta de desligamento. Ao retornar para casa, no começo da noite, sentamos à mesa da sala para conversar.

– Ester, pedi demissão hoje. Vou viver pela fé. Não sei o que o futuro nos reserva. Só sei de uma coisa: se Deus existe como temos crido, Sua grandeza será vista e o nosso sacrifício não será em vão. Mas se a Bíblia é falsa e estivermos sendo enganados, então estaremos irremediavelmente perdidos – afirmou, convicto.

E concluiu, ainda tomado de confiança:

– Só existe um meio de sabermos da existência de Deus e da veracidade da Sua Palavra: é quando o que está escrito nela se cumprir. Não podemos crer em um Deus tão grande e não vê-Lo no cumprimento de Suas promessas.

A surpresa foi geral. Os colegas de trabalho pareciam não acreditar. Alguns familiares e amigos nos chamavam de malucos. Um dos parentes chegou a me pedir para fazer Edir refletir melhor sobre sua arriscada escolha.

– Não permita seu marido trocar o certo pelo duvidoso, Ester. A filha é sua também. Abra o olho – orientavam, transmitindo dúvida e insegurança.

Meus pais preferiram não emitir opinião em uma decisão tão delicada. Já dona Geninha, minha sogra, demonstrou preocupação com o estado de saúde da neta e o futuro da família sem qualquer tipo de garantia. E pediu a Edir que não deixasse de pagar o antigo INPS, o Instituto Nacional de Previdência Social, para garantir algum recurso de aposentadoria. Em nenhum instante se opôs.

– Meu filho, eu só penso uma coisa: cuidado para manter o tratamento da Viviane – aconselhou, em visita ao nosso apartamento.

Eu estava ao lado de Edir quando sua mãe recomendou cautela. Dona Geninha sempre apoiou incondicionalmente a vocação de fé do filho.

– Mãe, vai dar tudo certo. Eu creio – reagiu Edir, o tempo todo certo de sua atitude.

Sem a responsabilidade do emprego como chefe da Tesouraria na Loteria, ele passou a viver cem por cento em função do seu projeto espiritual. Sua mente, seu talento, sua capacidade e seu empenho voltaram-se totalmente para o trabalho evangelístico. Ele percorria as regiões pobres e perigosas do Rio de Janeiro com disposição para falar de sua fé. Distribuía folhetos, visitava e orava pelos doentes acamados nos hospitais e juntava desempregados, idosos, mulheres e crianças em orações nas comunidades carentes. Deus não veio para os sãos e salvos, mas para os doentes e perdidos, costumava me dizer. Assim, sua missão avançava pelos redutos de sofrimento da cidade, sem nunca perder o foco de conseguir, enfim, um espaço próprio para o funcionamento de uma igreja aberta de segunda a segunda.

Na tentativa de desenvolver trabalhos missionários ao lado de outros líderes evangélicos, enfrentou uma série de humilhações. Chegou a ser rotulado de "fracassado", "homem sem fé", "pastor de velhinhas", "pastor sem chamado", entre outras alcunhas maldosas. Ele nunca recebeu nenhuma chance concreta para aprimorar seu talento como pregador. Foi preciso encontrar o seu próprio caminho.

Sofri ao ver meu marido excluído, mas, ao mesmo tempo, aprendia com ele cada vez mais a focar em um objetivo maior, na conquista que viria com todo aquele sacrifício: ganhar almas.

Edir passava praticamente o tempo todo na rua, ocupado com suas novas funções, chegando em casa apenas no final do dia. Ele mesmo pedia para dedicar minha atenção às nossas filhas, o que o deixava mais tranquilo. Suas decisões e o desenvolvimento do seu trabalho avançavam sem a minha presença por perto. Novamente, eu poderia ter sofrido ao me ver distante da realidade do meu esposo, mas me mantive firme no propósito de auxiliá-lo.

Ele voltava para casa sorridente, exultante, com inúmeras histórias para contar. Com brilho no olhar, dividia comigo os atendimentos realizados ao longo do dia e as novas pessoas conquistadas. As pequenas vitórias eram motivo de enorme satisfação para Edir. Ele me incluía no seu dia e aquilo tudo mexia com o meu espírito. Foi àquela ocasião que, embora continuasse frequentando a Nova Vida, passei a acompanhá-lo em suas reuniões esporádicas nos cinemas e em espaços públicos até que decidi seguir de vez os passos do meu marido.

Meu olhar foi se transformando, pouco a pouco. Passei a notar as qualidades de suas reuniões. Certa vez, em uma das primeiras vezes que vi Edir pregar, em um cinema no Meyer, notei sua vontade extrema de estender a mão ao aflito. Ele ainda era muito inexperiente e, ao mesmo tempo, tinha muita garra. Não se importava de ter cinco ou sete pessoas, pregava como se tivessem cem ali. Orava, cantava e transmitia sua mensagem de convicção com todo vigor. Via nele o desejo ardente de ajudar. Ele se incomodava com o sofrimento das pessoas. Havia empenho sincero. Eu apreciava isso. Fui aprendendo a ter ainda mais convicção, coragem e, sobretudo, amor às almas.

– Mãe, é tanto trabalho, são tantos desafios, mas o Edir está radiante. Eu o vi hoje fazendo o culto no cinema. Tão franzino, mas vira um gigante quando fala da fé – relatava, animada, por telefone, para minha confidente de sempre.

Acompanhei meu marido nas pregações no coreto do Meyer, por vezes ao lado das meninas, ainda bem novinhas. Eu admirava o destemor de Edir. Sozinho, ele empurrava sua caixa de som e microfone pela calçada antes de iniciar o culto a céu aberto. A praça era um local humilde, sem reformas, com cheiro ruim, na maior parte do tempo ocupada por mendigos. Nos primeiros dias, juntavam cinco, seis pessoas, mas, com o desenrolar dos meses, o público aumentou para trinta, quarenta. A felicidade dele crescia junto à minha.

Eram moradores vizinhos do bairro que chegavam atraídos pelas orações e a mensagem de libertação espiritual. Eu geralmente me posicionava, com ou sem as meninas, um pouco atrás do grupo de pessoas. Minha presença silenciosa ali era o apoio necessário para meu marido. Muitas mulheres, hoje esposas de bispos e minhas grandes amigas, saíram daquelas primeiras reuniões.

Depois de um período, Edir passou a levar um teclado para aprimorar sua reunião. Ele cantava alto, desafinado, com falhas no som que o irritavam, acompanhado por uma fiel recém-convertida. A moça era socialite da zona sul do Rio, ex-miss, e tecladista por hobby. Ainda assim, foi convidada pelo meu marido para tocar no meio do coreto do Meyer. Os encontros atraíam cada vez mais gente.

Enquanto Edir pregava no coreto, um grupo de meninos de rua sempre estava por perto. Eram garotos que ganhavam a vida lavando carros no ponto de táxi vizinho. Muitos dormiam nas calçadas, nas marquises dos prédios e passavam a madrugada cheirando cola e usando outros tipos de drogas. Um deles chamava a atenção porque sempre vestia uma camisa velha do time do Flamengo. Quando saía para comer algo em um dos bares perto do coreto, antes ou depois do culto na praça, Edir costumava pagar sanduíches para o menino.

– Tenho dó desses garotos, Ester. O que será deles no futuro? – comentava comigo.

O menino, torcedor do Flamengo, cresceu, deu a volta por cima e hoje se tornou o cantor Latino, conhecido em todo o Brasil. Meu marido e ele se reencontraram, em abril de 2015, em um prazeroso almoço na sede da Record, em São Paulo.

– A comida que seu Edir me pagava salvava o dia. Meu primo e eu vivíamos ali depois de termos sido expulsos de casa. Eu me lembro claramente das palavras dele no coreto. Foram elas que me deram forças e me ajudaram a sair da rua – contou Latino, emocionado.

O cantor recordou, literalmente, a mensagem de fé que despertou a esperança de dias melhores em quem o ouvia.

– Deus quer mudar a sua vida hoje, não importa qual seja a sua situação nem o que você faz ou tenha feito. Você só precisa crer – relembra Latino, repetindo os mesmos dizeres de Edir.

O encontro terminou com um saudoso abraço entre dois velhos amigos.

Menosprezada na Igreja

Com um número razoável de pessoas reunidas em seus encontros no coreto e nos cinemas, o próximo passo de Edir foi buscar um imóvel para abrir a primeira tão sonhada igreja.

– Vamos conseguir, Ester. Se acharmos um lugar espaçoso, mesmo que seja simples, sei que vai ficar pequeno em pouco tempo. Muita gente está conhecendo o Deus em que nós cremos. Os milagres estão acontecendo de forma excepcional – contava, sempre repleto de vibração.

Praticamente todos os dias havia novos depoimentos de mudanças de vida ou de um acontecimento incomum durante suas reuniões, sobretudo, experiências ligadas ao trabalho de libertação espiritual. Os casos se multiplicavam.

Eu me recordo de Vera, que chegou na igreja com muitos problemas no casamento, mas o seu maior problema era interior. Ela havia servido aos encostos por quase toda a vida e não sabia como se livrar deles e de todos os sintomas ruins provocados por essa prática. Após participar das reuniões, Vera se libertou e acabou trazendo toda a família simplesmente por sua mudança de vida. Ela se tornou uma grande amiga nossa. Era como se fizesse parte da nossa família. Ela ficava com as meninas quando eu viajava com o Edir, fazia questão de me acompanhar nas cirurgias da Vivi e, sempre de bom humor, era a alegria em pessoa. As meninas amavam passar o tempo com ela. Mais tarde, seus filhos também se tornaram pastores.

Nessa fase inicial, no entanto, nem tudo era alegria.

Também enfrentei um estágio de dificuldades por me sentir um tanto deslocada da vida do meu marido como pastor. Diferentemente da minha antiga igreja, a Universal tinha reuniões de manhã, à tarde e à noite, todos os dias. Eu aparecia na igreja apenas às quartas e aos domingos pela manhã e à noite. Durante a semana, me empenhava para cuidar da educação de Cristiane e Viviane. As duas precisavam acordar cedo para ir à escola, o que me impedia de sair de casa à noite.

Isso gerou dentro de mim uma certa insegurança a respeito do meu papel ao lado do meu esposo. Enquanto tantas outras pessoas se voluntariavam para estar presentes às reuniões, lá estava eu em casa com as meninas. "As pessoas devem achar que eu não me interesso pelo trabalho de Edir", eu chegava a pensar. Aparentava ser uma esposa relapsa, sem fé, indiferente à dedicação do meu marido à causa dos menos favorecidos. Edir passava o dia inteiro fora, de um lado para outro, acompanhado de outros pastores e membros, resolvendo os problemas do começo da Igreja. Cultos, programas de rádio e televisão, atendimentos, abertura de novos templos. Eu jamais estava por perto, o que dava margem a esses pensamentos negativos a respeito de mim mesma.

Como poderiam saber que eu permanecia em casa para que sua ausência não afetasse tanto as meninas? Acompanhava atentamente o programa dele na rádio, do início ao fim, como uma maneira de me informar sobre os acontecimentos na Igreja, como reuniões especiais e testemunhos, e saber sobre seus horários de sair ou retornar. Assim que chegava em casa, quando não estava muito cansado, Edir quase sempre compartilhava o seu dia de atividades. Meu papel era ser o apoio dele para o seu lar.

Ele vivia longe de mim a maior parte do tempo, o que não chegava a ser um problema porque, quando estávamos juntos, compartilhávamos tudo. Creio que esse foi um dos segredos do sucesso do nosso casamento: sempre fomos muito companheiros. Além disso, Edir sempre me passou muita segurança, tanto pela sua fé quanto pelo seu temor a Deus. Quando notava algumas mulheres desejarem a atenção do meu marido mais do que o normal, eu achava engraçado. Não sou uma mulher ciumenta, até porque meu marido nunca me deu motivos para isso. Minhas filhas é que ficavam muito chateadas ao presenciar esse tipo de coisa, especialmente a mais velha.

– Mãe, você viu a forma como aquela mulher sentou no primeiro banco da igreja? Ela está querendo chamar a atenção do papai! – dizia Cristiane.

– Deixe ela, minha filha, ela precisa de ajuda.

E realmente, ainda mais no verão do Rio de Janeiro, com temperaturas quentes demais, não era raro surgirem mulheres com trajes indecorosos em busca de atendimento. Encarei tudo isso sem ciúmes de Edir. Sempre olhei para o meu marido como um homem de Deus. Confiava e confio nele porque sua fidelidade é decorrente de ser primeiro fiel a Deus e depois a mim. Se ele é fiel a Deus, como sei que era e sempre foi, será também fiel a mim.

Minha convivência com as esposas dos pastores nunca deixou de ser marcada pelo respeito e a amizade. Elas me tratavam como mãezona e tinham um carinho muito grande por mim, aliás, não só elas, a maioria do povo também. Enquanto nos sacrificávamos pelo povo, o povo nos agraciava com o seu carinho e principalmente com as suas orações. Era comum recebermos comidas feitas em casa por senhoras que nos amavam profundamente. Creio que o carinho e o respeito das esposas dos pastores e do povo por nós vêm devido ao carinho e o respeito que nós temos por eles. Nunca fui de chamar a atenção de ninguém. Como já contei, não gosto de confrontar ninguém.

Há duas fórmulas que uso para ajudar as esposas e as mulheres na Igreja. Uma delas é através da oração e das reuniões que faço.

Eu confio que o Espírito Santo vai fazer o Seu trabalho no interior de cada uma. Quando via alguma esposa de pastor faltando ao respeito com o marido ou até mesmo comigo, procurava passar a todas uma mensagem na Palavra de Deus e orava a Deus para que Ele fizesse o resto.

Por mais que a maioria das mulheres na Igreja me respeite, sempre há algumas que não se comportavam assim, talvez até pelo excesso de intimidade que dei inicialmente. Já fui desrespeitada e até ignorada por algumas mulheres ao longo dos anos na Igreja, principalmente no início. Mas sempre paguei o mal com o bem. Essa é a segunda fórmula que uso.

Entendia que essa é a maneira mais adequada de lidar com as situações embaraçosas. Sempre que era desrespeitada por uma esposa de pastor, fosse por meramente não aceitarem um conselho ou por estarem distantes de Deus, problemáticas, nunca revidei nem cometi algum ato de vingança. Muito pelo contrário, fazia questão de tratar cada uma delas ainda melhor.

Os desentendimentos aconteciam porque algumas achavam que eu dizia coisas que não deveria. Assumo minha parcela de culpa: devo, sim, ter sido mal interpretada inúmeras vezes durante minhas reuniões com as mulheres. Quem nunca lança uma palavra indevida ou faz uma colocação imprópria em centenas ou milhares de horas de mensagem, durante décadas? Mas a intenção nunca deixou de ser orientar e jamais de afrontar, machucar ou diminuir alguém.

Em um de nossos encontros, a esposa de um pastor, afastado do nosso meio por sérios desvios de conduta moral, ficou irritada comigo após uma advertência sobre os cuidados com a vida conjugal.

Ao fim da reunião, depois de me atacar com palavras, ela disse:

– Ester, sabe qual o seu problema? Você não tem espírito de liderança. Essa é a verdade! – agrediu-me, frontalmente.

Anos depois, infelizmente, essa esposa não conseguiu liderar nem a sua própria família. Hoje ela está divorciada, assim como um de seus filhos.

Em outra reunião, me recordo de ter feito um comentário específico sobre um tema relacionado a família. Uma das esposas teve outro entendimento e me procurou juntamente com o marido para tirar satisfações.

– Como você tem coragem de falar isso da sua própria família? – perguntou o esposo.

Expliquei que talvez poderia ter me expressado mal, mas jamais falaria algo semelhante. Ainda assim, o marido acreditou na afirmação de sua mulher. Lembro-me, ainda, de ser mal-entendida por outras esposas porque sentiam ciúmes de mim com as mais chegadas, o que revelava nelas falta de crescimento espiritual. Busco a todo instante ser amiga de todas, mas é natural criar uma afinidade maior com uma ou outra. Isso não é consciente ou de propósito.

Motivos de atritos à parte, o que me motivava foi e sempre será falar o que a Palavra de Deus espera de cada uma delas. Nunca deixei de orar para Deus fazer a obra necessária na vida de todas. Valorizo uma por uma, sem distinção, das mais senhoras às mais novas, das mais experientes às que estão chegando agora. Todas merecem meu respeito.

Quem me conhece mais de perto sabe o quanto preservo um amor imenso e verdadeiro pelas esposas de bispos e pastores. Considero cada uma delas minhas verdadeiras irmãs e filhas, como conto mais em “A esposa do bispo”, e sou continuamente retribuída por esse carinho. Uma das maiores provas disso é a naturalidade como passaram a me chamar de “dona” e “senhora” em todo mundo. Nunca fiz questão de ser tratada assim. Mas essa consideração surgiu com o avançar da minha idade, no decorrer de incontáveis viagens aos nossos templos no exterior.

Aliás, não sou favorável ao costume na Igreja de chamarmos todas as esposas de "senhora" e "dona", inclusive minhas próprias filhas Cristiane e Viviane. Embora liderem trabalhos espirituais tão importantes, as duas são muito jovens para receberem essas nomeações. Hoje, até as mais jovenzinhas, recém-ingressadas à Igreja, já são logo chamadas assim. Esse respeito por mim não foi imposto, mas conquistado ao longo do tempo, tanto que a maioria das mulheres e integrantes do início da Igreja me tratam apenas pelo primeiro nome.

Um dos nossos membros mais antigos que toda vida me chamou de "Ester" foi o seu Albino, frequentador com sua família da época do coreto. Foi ele quem ajudou Edir a encontrar o imóvel que daria vida à primeira Igreja Universal: a antiga funerária no bairro da Abolição. Depois de visitar o galpão, ele me contou a novidade entusiasmado. Era exatamente o que procurava. Mas havia um empecilho a ser vencido: a obrigação de apresentar um fiador para a assinatura do contrato de aluguel. Edir decidiu pedir ajuda à minha sogra, dona Geninha, que, generosamente, concordou em colocar seu único apartamento como garantia da locação. O acordo impunha uma série de exigências. O valor também era puxado.

Poucos dias antes da assinatura, meu cunhado, Romildo Ribeiro Soares, tentou fazer minha sogra desistir. Ela nos procurou para contar o que havia ocorrido. Estávamos na mesa da cozinha.

– Romildo me disse para não fazer isso, que é uma loucura. Falou assim: "Seu filho não vai conseguir pagar e a senhora vai perder o apartamento. Se o Edir deixar de pagar por apenas três meses, eles tomam o imóvel da senhora" – contou ela, em detalhes, o conselho completamente descrente.

Dona Geninha não deu ouvidos e assinou o contrato como fiadora.

– Não, Romildo. Coloque-se no meu lugar! Qual mãe seria capaz de duvidar do seu próprio filho? Eu vou assinar, sim! – disse para ele.

E, voltando-se para Edir, completou:

– Eu acredito em você, meu filho.

O contrato de aluguel da funerária estava firmado.

Na primeira vez que entrei no prédio, caminhava ao lado de Edir. Eufórico, ele me mostrava cada detalhe do local. Os voluntários pintavam as paredes, martelavam os bancos, esfregavam o chão, consertavam os banheiros em um mutirão de solidariedade e fé.

– É, Edir... É a nossa casa. A nossa primeira casa – afirmei.

Ele abriu um sorriso comovente.

Na noite de sábado, dia 9 de julho de 1977, na antiga Avenida Suburbana, número 7248, aconteceu o primeiro culto na trajetória da Universal. Edir se arrumou cedo, colocou seu melhor terno, juntou a Bíblia ao seu corpo e partiu feliz para seguir o seu ministério. Enfim, Deus havia atendido às suas súplicas depois de tantas humilhações e rejeições.

O culto de inauguração lotou. Ao assistir ao meu marido pregar, lembrei de tudo o que vivemos até ali. Era a nossa resposta.

A cada semana, uma surpreendente nova multidão chegava ao antigo salão da funerária. Não demorou muito para a igreja se tornar pequena, tamanha a quantidade de fiéis. Passei a conhecer as mulheres, nossas obreiras e membros, mais de perto. As evidências de tanta gente transformada me enchiam de satisfação. O amor de cada uma delas pela Igreja, visto nos detalhes do auxílio aos pastores e ao povo, era tocante.

As reuniões de libertação sempre estavam entupidas. Muita gente se aglomerava, em pé, atrás dos bancos. Quem participava dos cultos do Edir sabia que algo diferente acontecia ali. Mesmo sem muita experiência com esse tipo de trabalho espiritual, ele ousava determinar a expulsão de espíritos malignos da vida dos que o assistiam. Isso também gerava muita curiosidade. Entrevistava a entidade, incorporada, antes de colocá-la de joelhos e mandá-la embora. Eu apenas observava os olhares curiosos do grande público presente.

Alguns cultos daquele tempo pareciam um verdadeiro campo de batalha. Ao iniciar as orações com imposição de mãos, muitos encostos manifestavam-se ao mesmo tempo, os corpos eram jogados de um lado para outro e a gritaria invadia o salão. Eu mesma no início ficava apavorada, mas entendi que ali estava sendo travada uma guerra pela salvação das pessoas.

Nunca nenhum dos pastores que conheci teve disposição para descer ao inferno e lutar, com ímpeto, pelas almas dos desesperados. Essa intenção sincera fez a Universal nascer, ganhar forma, se expandir e mantém-se viva até os nossos dias. Edir sempre lutou por isso. Seu objetivo era arrancar o drogado do vício, o bêbado da sarjeta, o enfermo da doença, o arruinado do buraco. Seu Deus era o Deus de milagres, Salvador dos perdidos.

– Se Ele existe, tem de acontecer coisas grandes! – repetia sempre, dividindo comigo, mais uma vez, um desejo guardado dentro de si.

Seria uma loucura me deixar levar por meras picuinhas entre mulheres diante de uma obra tão grande! Enquanto Edir se esforçava para isso, o nosso lar estava sob a minha responsabilidade.

Como ele avançaria na sua travessia de fé se a sua casa lhe acumulasse de problemas? De que forma a igreja cresceria se o seu líder espiritual enfrentasse graves transtornos com suas filhas ou com sua esposa? Se a sua mulher não o apoiasse em nada, o enchesse de reclamações e questionamentos, e não renunciasse a suas vontades, sua rotina e seus objetivos pessoais por ele? Uma pergunta era ainda mais incômoda: como conseguir realizar tudo isso se sou uma mulher cheia de falhas?

"Mulher virtuosa quem a achará?
O seu valor muito excede ao de rubis.
O coração do seu marido está nela confiado; assim ele não necessitará de despojo. Ela só lhe faz bem, e não mal, todos os dias da sua vida."

(Provérbios 31.10-12)

Diante dos meus erros

Paz em casa. Essa era a minha missão número um para contribuir com a difícil tarefa de Edir em ajudar a salvar inúmeras pessoas diariamente. Desde o princípio da Igreja, eu precisava assegurar ao meu marido a perfeita tranquilidade no seu retorno para o descanso do lar. Paz no seu casamento, paz na relação com seus filhos, paz em cada minuto no convívio conosco.

Também tinha a responsabilidade da rotina da casa. Nunca admiti deixar faltar nada para o meu marido e minhas filhas. Eu não ocupava Edir com picuinhas, evitava que se preocupasse com problemas menores. Mesmo quando enfrentamos os intensivos tratamentos de Viviane, busquei ser resistente para evitar ao máximo dividir pesos com ele. É claro que tomávamos juntos as decisões mais importantes como, por exemplo, as escolhas de um especialista, dos hospitais ou a definição de um tipo de cirurgia. Mas confesso que filtrei inúmeras situações desgastantes para não comprometer o seu envolvimento com a Igreja.

Meu marido chegava ao final do dia exaurido, sem forças para nada, necessitando descansar e recuperar seu fôlego. Ele não tinha paciência nem conseguia dedicar tempo algum às meninas. Por serem crianças, claro, Cristiane e Viviane reclamavam da falta de diversão e passeios com o pai. Queriam brincar, ir ao cinema ou ao parque, desejavam passar mais tempo ao lado de Edir. Sentiam a ausência dele e conversavam bastante comigo.

Por isso, tive que redobrar meus cuidados, minha atenção na forma de criá-las e o meu zelo espiritual para que Cristiane e Viviane não crescessem rebeldes contra o pai. Pensava sobre esse perigo o tempo inteiro. E se as duas se revoltassem contra a ausência do pai? E se entendessem meu marido como um homem frio que rejeitou a sua família? O que faria se tentassem preencher esse buraco com as ilusões do mundo, lançando-se em caminhos errados? E se crescesse no coração delas um rancor contra Edir?

Minhas palavras e minha conduta eram decisivas para evitar esse mal em nosso lar. Expliquei com insistência às duas o inestimável valor do trabalho espiritual do pai e a maneira como se entregava sem restrições. Eu via a dedicação dele. Praticamente não ficava com as meninas, abriu mão de acompanhar o crescimento das filhas para pregar a Palavra de Deus. Eu o apoiava. Jamais reclamei ou exigi atenção para as meninas.

Desde cedo, me esforçava para que Cristiane e Viviane olhassem para Edir da mesma maneira como eu: o cumpridor do mais extraordinário e relevante trabalho entre todas as profissões. Os outros trabalhos serviam para ajudar as pessoas por noventa, cem anos, mas o trabalho dele tinha valor por toda a eternidade. Em nenhuma situação, eu jamais o critiquei para elas nem tampouco deixava de explicar o seu precioso compromisso.

– Meninas, o papai está fazendo algo muito importante: ele está falando de Jesus para as pessoas. Não tem nada mais valioso do que isso. É a missão dele – dialogava, com a serenidade aprendida com minha mãe e minha avó.

As duas cresceram compreendendo bem esse aspecto. Eu estimulava nelas o profundo respeito pela Igreja e pelos pastores. Quando alguns deles nos visitavam em casa, por exemplo, eu me esforçava para tratá-los com dignidade para mostrar o temor pela Obra de Deus. Deu tão certo que, certa época, as meninas sonhavam em ser secretárias do pai assim que alcançassem a idade adulta. Foi uma vitória como mãe ver minhas filhas crescendo dessa maneira. Uma das maiores conquistas da minha vida.

Além de despertar a consciência sobre o valor do esforço de Edir, eu dedicava meu tempo para educar e formar a personalidade das crianças com os princípios da fé cristã. No carro, a caminho da escola e da igreja, sempre que estavam comigo, dividia histórias da Bíblia, além de incentivá-las a levar seus problemas a Deus em oração. As duas sentavam-se ao meu lado durante os cultos do pai, antes de existir a Escola Bíblica Infantil, espaço exclusivo da Universal para auxiliar no cuidado com os menores e ensiná-los nos caminhos de Deus.

Mas eu também errei muito como mãe.

Com menos de 30 anos, jovem demais na minha fé, obviamente deparei com uma sucessão de falhas.

Cresci uma mulher muito insegura, apesar do meu caráter fiel a Deus. Nunca tive uma autoestima elevada. Não me acho bonita nem poderosa, como as mulheres se orgulham por aí. Como já contei, cresci com certa insegurança em relação à minha aparência. Minhas irmãs e primos estavam sempre em evidência, fosse pela beleza, simpatia ou o jeito falador, enquanto eu me diminuía. O nascimento de Cristiane foi meu orgulho. Até que enfim eu percebia que havia realizado algo admirável para minha família. Parecia que me olhavam assim. Eu estava feliz por isso, enfim, tinha conseguido me sobressair, dar um passo de destaque. Foi quando, então, nasceu a Viviane e novamente voltei à minha condição pequena.

Essas e outras comparações cercaram meu íntimo durante muito tempo. Acredito que carreguei essa falha no crescimento das minhas filhas. Erroneamente, também costumava comparar minhas meninas com os seus primos. No início, Cristiane e Viviane eram as únicas da família que não tinham conforto, não se alimentavam direito, não se destacavam em nada, nem na escola. Eram duas crianças bem magrinhas, aparentavam até estar desnutridas. Nunca foram de se alimentar corretamente.

Eu insistia para comerem carne, peixe, verduras, legumes e outros pratos nutritivos e saudáveis, mas as duas se recusavam com muita manha. Quando as apertava, ameaçando dar uma bronca mais pesada, Cris e Vivi corriam para a proteção de Edir:

– Não quero comer, pai – resmungava uma delas.

– Elas precisam se alimentar direito, Edir. Estão fraquinhas – eu argumentava.

– Deixe, Ester. Come se você quiser, minha filha – afirmava meu marido.

Para insistir que deveriam se alimentar, por vezes, admito que falei coisas indevidas.

– Seu nariz vai crescer com sua magreza – brincava com elas, sem noção exata, àquele tempo, da força das palavras.

Cristiane afirma que cresceu com esse complexo durante a adolescência, mesmo tendo um nariz perfeito para o seu rosto.

Além de crescerem franzinas, Cris e Vivi eram desajeitadas, tímidas demais em relação às crianças da sua idade, dentro e fora da nossa família. Parecia que haviam herdado minha insegurança. O mesmo sentimento que carregava dentro de mim no convívio com meus parentes.

Isso doía. Eu me sentia mal. Por vezes, não me considerei uma boa mãe.

Hoje, porém, olhando para trás, analisando o meu passado, o do meu marido e o das minhas filhas, fica evidente como nem todos os que têm potencial aparentam ter potencial logo de início. É o plano de Deus para os que se entregam a Ele.

"Mas Deus escolheu as coisas loucas deste mundo para confundir as sábias; e Deus escolheu as coisas fracas deste mundo para confundir as fortes; E Deus escolheu as coisas vis deste mundo, e as desprezíveis, e as que não são, para aniquilar as que são."

(1 Coríntios 1.27,28)

Resistindo em casa

A primeira grande concentração de fé da Igreja não ficou registrada na minha memória pela multidão alcançada ou pelos feitos extraordinários durante a reunião, mas, sim, pelo meu desespero dentro de casa. Ainda bem no princípio, meu marido decidiu alugar o Ginásio do Olaria, no Rio, para realizar o primeiro evento desse porte da Universal. Mais de sete mil pessoas lotaram as dependências da arena.

Nesse exato dia, eu ainda sofria com o estado de saúde de Viviane. Nossa filha estava para completar 4 anos, carregava as sequelas do lábio leporino, quando contraiu uma inflamação grave na boca: a estomatite. Havíamos passado a semana inteira apreensivos, de médico em médico. Posso afirmar que vivemos naqueles dias um pedacinho do inferno.

Essa infecção é formada com o surgimento de lesões ulcerosas na língua, na gengiva e chega a atingir parte da garganta. Apesar de serem benignas e não transmissíveis, sua cura não leva menos de duas a quatro semanas. São aftas dolorosas que dificultam a alimentação, provocando febres e intensa irritação na criança. Viviane estava pior: as feridas se estendiam dos lábios até o esôfago, segundo o diagnóstico dos especialistas.

Os dias passavam com sua condição física cada vez mais complicada. Na sexta-feira, véspera do evento no Olaria, ela ficou totalmente impossibilitada de ingerir qualquer alimento ou remédio pela boca devido às dores agudas. Seu choro e seus gritos de desespero se espalhavam pela casa durante horas seguidas.

Aflitíssima, eu já não sabia ao certo o que fazer. Como agir para diminuir a sua tortura? De que forma poderia dar comida para ela? Quando eu tentava algo, seus gritos de dor aumentavam ainda mais. O medicamento capaz de curar a infecção também era via oral, mas Viviane não conseguia ingerir nada. Eu não encontrava uma saída para alimentá-la. Líquidos, caldos, pequenos pedaços de frutas. Nada descia. E se a infecção se agravasse por não comer por vários dias? Seu choro não diminuía. Só era interrompido quando dormia de tanto cansaço. Quando sentava e fixava meus olhos nela por alguns minutos, sua agonia parecia passar para mim.

Era a minha filha se contorcendo de tanto sofrimento.

Quando retornamos novamente do médico, já na noite de sexta, Edir se deparou diante do dilema de realizar ou não a primeira concentração de fé da Igreja. Ele havia convidado as pessoas sofridas pelo rádio e nos cultos durante semanas seguidas. Como poderia abandoná-las? Eu deveria estimular meu marido a virar as costas para milhares de homens e mulheres necessitados que chegariam ao ginásio do Olaria? Mas, e a nossa filha? E se acontecesse algo grave com ela enquanto ele estivesse lá? Quem me ajudaria a socorrê-la?

Estávamos diante de mais uma prova de fogo.

Minha fé também estava sendo testada. Eu me perguntava como meu marido conseguiria ajudar milhares de pessoas se ele não poderia ajudar a nossa própria filha? Meu Deus, como entender isso? Como ele usaria a Sua Palavra para determinar a cura de quem sofre se nós vivíamos a aflição dentro do nosso próprio lar? Ele seria um pregador que não crê no que prega? Meu Deus, como explicar tudo isso? Onde o Senhor está?

Eu via na face de Edir a imagem de frustração por estar vivendo o mesmo sentimento que o meu. Sentamos para conversar na sala de casa, ainda na noite de sexta-feira.

– Das duas, uma, Ester: ou eu sigo meu coração e fico com você aqui gemendo por causa dessa maldita enfermidade ou entrego o problema para Deus e vou em frente – afirmou Edir, decidido.

No mesmo momento, Viviane passou a gritar ainda mais alto de tantas dores. Parecia que o inferno havia se transferido para nossa casa.

Mas nada parou meu marido. No dia seguinte, ele partiu para o Ginásio do Olaria, com nossa filha ainda urrando de sofrimento.

– Cuide dela, Ester. Tem muita gente desesperada dependendo dessa reunião. O Senhor vai proteger a nossa casa. Ele está vendo o nosso sacrifício – me revigorou, ao sair.

Eu me mantive ao lado de Viviane tentando acalmá-la minuto após minuto.

A concentração foi um sucesso e iniciou uma sequência histórica de eventos com grandes multidões, marco do crescimento excepcional da Igreja Universal.

É impossível afirmar que foi simples enfrentar tudo isso. Para equilibrar esses cuidados, sobretudo na fase de saúde delicada da Vivi, eu não poderia abrir mão de me manter espiritualmente fortalecida. Mãe, esposa, igreja, casa, filha em tratamento. Somente Deus para ter me dado condições. Para alcançar essa força, eu meditava na Bíblia e orava bastante. Vivia em estado de súplica ao Senhor para me sustentar. Só Ele sabia do meu estado físico e emocional, o que no fundo se passava comigo.

Na verdade, eu não orava, mas sim, clamava a ajuda do Espírito de Deus. Tanto que nos cultos, Ele falava comigo por meio das mensagens de Edir. Não parti para revoltas, indagações, lamentos ou relapsos. Busquei amparo em Deus. Sabia que, cedo ou tarde, todos aqueles tormentos iriam passar. Eu não poderia olhar para as circunstâncias, tinha de perseverar e vencer as dúvidas. Essa foi a direção divina que me sustentou naqueles anos.

Quando ainda me concentrava em tratar de Viviane, Cristiane passou a sofrer de bronquite asmática. Nas noites de crise intensa, ela ficava aflita com a falta de ar e não conseguia dormir. Só pegava no sono na nossa cama. Edir mantinha-se abraçado a ela até adormecer, depois nos deixava ali e ia dormir no chão para que tivéssemos mais conforto.

A infância toda foi assim até os seus 13 anos. Chegamos a correr por vários prontos-socorros na madrugada carioca para aplicar antibióticos nela. Era só o tempo ficar nublado que ela começava a chiar. Foram vários tratamentos, vários medicamentos, e nada. No Brasil, as crises eram mais frequentes no inverno, principalmente no ar frio da serra de Petrópolis, onde morávamos antes de vender nossa casa para comprar a Rádio Copacabana.

Após me ausentar no evento do Ginásio do Olaria devido à doença de Viviane, pude presenciar pela primeira vez uma concentração de fé realizada pelo Edir, dessa vez no Ginásio do Maracanãzinho. Foi um passo mais ousado. Meu marido convidou o público das demais sedes da Universal para o maior culto de libertação espiritual já realizado até então. Ele subiu radiante ao palco, armado em um modesto tablado de madeira, na tarde de um domingo. Mais de vinte mil pessoas entupiram o ginásio. Eu me posicionei ao lado das demais esposas, próximo ao púlpito. Um dia marcante para mim.

O passo seguinte foi o Maracanã. Mas antes de contar a minha sensação de pisar no gramado do então maior estádio do mundo, o lance mais desafiador no percurso da Igreja até aquele tempo, compartilho minhas experiências ao lado de Edir como um homem determinado em saber o que queria, desde o princípio.

Tenho o hábito de contar que fui a primeira testemunha do idealismo e do perfil visionário de meu marido. As histórias ouvidas por muitos hoje, de que ele afirmava, com todas as letras e envolvido por uma certeza categórica, que a Igreja se espalharia por dezenas de países e que teríamos emissoras de televisão e rádio para difundir o Evangelho, quando ainda reunia meia dúzia de pessoas, são a mais pura realidade.

Edir sempre viveu essa crença. Eu ouvia continuamente suas palavras de perseverança. Para ele, nunca houve tempos difíceis. Jamais era momento de desanimar ou desistir. Quanto mais esforço, mais ele tinha certeza de que iria arrebentar.

– Tenho certeza de que Deus vai abençoar, Ester – repetia para mim, ao se deparar com qualquer obstáculo no caminho.

Perdi a conta de quantas vezes assisti a suas reuniões na funerária e, em seguida, nos prédios maiores para onde a igreja se transferiu, também na mesma Avenida Suburbana, no Rio, em que ele profetizava o crescimento inigualável da Universal. Eu me recordo de um culto de quarta-feira de manhã, com menos de dez pessoas, em que afirmou que, até o fim daquele ano, estaríamos com um horário para o programa de televisão. Mal conseguíamos pagar em dia o aluguel do prédio e ele expressava essas palavras de confiança.

E aconteceu: após alguns meses atuando somente no rádio, surgiu a oportunidade da televisão. Era um tiro de maior alcance.

– Sabe, Ester, veja o que Deus tem feito na Igreja. São muitos testemunhos maravilhosos. Cada dia aparece um milagre mais forte do que o outro. Agora imagine mostrar o poder de Deus em um meio de comunicação para todo o Brasil. Vai arrebentar!

Eu o admirava em cada gesto.

A ideia revolucionária de evangelizar por meio da televisão aconteceu na extinta TV Tupi. Eu estava nos estúdios da emissora no primeiro dia em que Edir apresentou o seu programa *Despertar da Fé*. Por incrível que pareça, ele não aparentava nervosismo. Demonstrava-se seguro diante das câmeras, usando sempre a técnica do improviso. Edir gravava pessoalmente os programas no bairro da Urca, no Rio, onde continuei a acompanhá-lo, sentada na sua frente, observando tudo de perto. Sua linguagem simples e incisiva aguçava a atenção dos telespectadores.

Eu também cheguei a participar de alguns programas de televisão, mais adiante, já na Record. Embora não me sinta tão à vontade como ele diante das câmeras, eram atuações especiais ao lado do meu esposo para transmitir aprendizados sobre família e casamento. A repercussão sempre foi ótima. Isso se repetiu, de tempos em tempos, nas últimas décadas.

Muitas vezes, minha participação também tinha como objetivo relatar ao público nossa trajetória de superação. Eu ia contra o meu jeito tímido de ser, corava, mas mesmo assim não deixava de dar o meu depoimento. Às vezes, precisamos ir contra o nosso jeito de ser para agradar a Deus. É um enorme prazer para mim falar o que Deus realizou em nossa vida.

Desde então, meu marido jamais abandonou a televisão para a pregação do Evangelho em atendimento aos necessitados. No rádio, o mesmo trajeto: atualmente, são centenas de horas de programações diárias em diferentes emissoras compostas pela Rede Aleluia. Até hoje, Edir dedica parte do seu dia, regularmente, para gravar seu programa transmitido para todo o Brasil e vários outros países. Em São Paulo ou quando estamos em viagem missionária, o momento da gravação é hora de silêncio em casa. Eu mesma percorro os ambientes avisando todos sobre os minutos de concentração do meu marido. É como se eu também fizesse parte da equipe por trás daquele programa. Nesse caso, a minha função sempre foi e sempre será de preparar o ambiente, mas, por vezes, repasso versículos bíblicos para Edir usar ao falar de certos assuntos.

De volta ao decisivo dia da concentração no Maracanã, recordo daquele momento como se fosse hoje. O Ginásio do Maracanãzinho não suportava mais o tamanho da Igreja. Edir sabia que já tínhamos estrutura para essa prova de coragem. Em uma Sexta-feira Santa, tradicional feriado religioso, mais de duzentas mil pessoas tomaram as arquibancadas do estádio, três horas antes do início do evento.

Muitas famílias chegaram com os portões ainda fechados. Nos estacionamentos, carros e ônibus de caravanas se enfileiravam. Nunca antes nenhum movimento religioso havia conseguido superlotar o Maracanã.

Quando vi meu esposo entrando no gramado e olhei ao redor do estádio, meu coração bateu mais forte. Faixas e cartazes da Universal, de diferentes lugares, espalhados em todas as direções. Obreiros e pastores alinhados entre o incrível aglomerado de gente. Nenhum espaço vazio. Vi Edir caminhando lentamente em direção ao improvisado altar. Os aplausos e os cânticos em coro na voz de milhares de pessoas enchiam meus olhos de lágrimas.

Ao recordar esse cenário hoje, revivo uma forte satisfação interior. Não pela vaidade de superlotar o estádio, mas porque Deus havia contado conosco. Valeu a pena todo o sacrifício!

Relembrando os dias do coreto ou do evento no Ginásio do Olaria, em meio a tantas lutas e embaraços, vejo como começamos pequeninos perto de inúmeras situações extraordinárias vividas pela Igreja. Foram triunfos fora do comum. Uma galeria de conquistas que não pertence a mim nem ao meu esposo. Os méritos vêm do Alto.

Sozinha pelo mundo

— Ester, temos uma grande oportunidade de conquistar o mundo para o nosso Deus. Tudo o que os Estados Unidos lançam sai pelo mundo afora, imagine a gente levar essa fé para lá? Muita gente naquela terra não conhece a fé que vivemos. Precisamos deixar tudo aqui para começar uma vida nova na América – afirmava Edir, em uma conversa apenas entre nós, quando ainda morávamos no Rio de Janeiro.

Assim, começou uma das fases mais difíceis vividas por mim em nossa jornada internacional desde a origem da Igreja. O meu grande desafio de enfrentar a vida em uma terra distante de onde nasci e fui criada. Impossível esquecer a data: final de setembro de 1986.

Meu marido decidiu que moraríamos em Nova York para dar os passos iniciais da Igreja em território norte-americano. Edir acreditava que o sucesso da Universal no país mais poderoso do mundo irradiaria o crescimento por todos os continentes.

– Eu creio nisso. Mas, e as meninas? Elas vão se adaptar? Eu nunca vivi longe da minha família – ponderei.

– Vai dar tudo certo, Ester. Deus é conosco.

– Tenho certeza disso.

De fato, eu nunca havia saído do Brasil nem deixado minha família por tanto tempo. A despedida do Rio, dias antes da partida, é uma memória triste para minhas filhas e eu. Até aquele tempo, as crianças passavam o Natal em família, ao lado dos avós, tios e muitos primos da mesma idade, e isso acabou de uma hora para outra. Deixamos de conviver com nossos parentes a partir daquela ida aos Estados Unidos. As meninas recordam desses instantes de diversão e amizade até hoje. Nossos laços familiares praticamente foram rompidos ali, gerando certa tristeza nas crianças. Sem contar, ainda, que já estávamos bem estabelecidos à época. As meninas estavam em uma ótima escola, morávamos bem, tínhamos alcançado um certo conforto, além da chegada de um novo membro para a família, que vou relatar mais adiante. Estava tudo tão organizado em nossa vida que, pela primeira vez tive um lar decorado do jeito que eu tanto quis.

A mudança foi repleta de transtornos para mim. Os sacrifícios se multiplicavam conforme os dias se passavam em Nova York. Minha rotina virou de cabeça para baixo. Nós nem falávamos a língua ainda e já estávamos morando naquela cidade fria. Chegamos em pleno inverno e, graças a Deus, tivemos ajuda de um casal que Ele colocou em nosso caminho na época: o pastor Forrest e sua esposa, Mary Ann.

Eles não falavam português, então, nossa comunicação era bem limitada. Depois de morarmos um mês em um apartamento hotel, bem pequeno, sujo e desconfortável para o tamanho da nossa família, eles ofereceram o seu próprio lar para morarmos enquanto não achávamos a nossa casa. Quando chegamos, eles haviam preparado o quarto do casal para nós. Ficamos muito sem graça, tentamos comunicar que eles não precisavam ter feito isso, que dormiríamos com as crianças no quarto de hóspedes, mas eles insistiram.

Foi Mary Ann que pacientemente me ensinou sobre as melhores marcas de produtos de mercado. Mesmo sem nos comunicarmos bem, ela tinha muita paciência. Eles eram como anjos enviados por Deus. Eram bem mais velhos, mas nos respeitavam como se nós fôssemos os mais experientes. Ambos tinham visitado a nossa Igreja no Brasil e haviam se admirado com o trabalho, a ponto de ceder a própria Igreja deles para que fizéssemos o mesmo em

Nova York. Eles chegaram a se oferecer para ser os nossos auxiliares. A humildade e a fé deles foram de admirar. Também foram muito perseguidos por outros pastores que achavam um absurdo o que fizeram e até por alguns de seus filhos, que não aceitaram o passo de fé que tomaram. Ficou claro para mim e Edir que eles eram enviados de Deus para nós.

Um mês depois, conseguimos uma casa no interior de Nova York, um pouco afastada da cidade. Nova York já era perigosa nessa época e não queríamos que nossos filhos crescessem em um ambiente hostil de gangues e drogas. Além disso, tudo era muito caro na cidade; já no interior, ficava mais econômico, afinal, estávamos começando do zero. Conseguimos uma escola para nossas filhas sem que eu precisasse levá-las pessoalmente. Havia transporte público da própria escola, o que me ajudava a ficar com Moysés, ainda bebê naquele tempo.

Quando meu marido saía para fazer o curso de inglês e treinar o pouco que sabia em pequenas reuniões na igreja, eu tinha que me virar sozinha. Fazer compras no supermercado, escolher um remédio na farmácia e pegar um ônibus passaram a ser enormes obstáculos. Eu não falava inglês ainda e não havia ninguém para me ensinar ou dar dicas sobre como realizar as necessidades de casa em um país estranho. Começar tudo do zero em outro lugar, com idioma diferente, com duas crianças em idade escolar e um bebê com menos de 1 ano, não foi uma tarefa simples.

Para agravar a situação, eu ainda enfrentava a dor e a saudade de ter perdido meu pai pouco tempo antes. Além de sentir a falta dele, a quem era bastante apegada, a preocupação com minha mãe, agora viúva, ocupava meus pensamentos. Ela precisava da minha atenção por perto naqueles meses difíceis em que ainda chorava a perda do marido. No dia em que dei a notícia sobre nossa mudança definitiva para os Estados Unidos foi um baque. Para ela e para mim.

Para piorar, o início da Igreja em Nova York foi uma dureza só.

Logo Edir começou a fazer cultos em um templo na Ilha de Manhattan, um lugar da Terceira Avenida degradado e então com altos índices de violência. Ele comandava a pregação em espanhol no andar de cima do imóvel com pouquíssimos frequentadores. O número de fiéis demorou a crescer. E como continua até hoje, Edir pregava com o entusiasmo de quem parecia ter milhares de pessoas na igreja. Chegamos a oferecer almoço de graça após algumas reuniões. Cada membro levava um prato para o almoço, era um hábito que a Igreja do pastor Forrest tinha naquela época. Eu ajudava na comida enquanto meu marido distribuía folhetos pela cidade.

Em um dos primeiros cultos de domingo, Edir começou com uma proposta diferente:

– Quem deseja receber o Espírito Santo venha aqui na frente, por favor.

O salão parecia um velório.

Ninguém deu um passo em direção ao altar. Havia ali no máximo quinze pessoas. Saí do meu lugar com as crianças e recebemos a oração.

Nessa fase, eu chorava praticamente todos os dias, sempre escondida. Estávamos acostumados com templos lotados, concentrações repletas de gente no Brasil, mas nos Estados Unidos a vida era outra. A igreja era fria demais, por maior que fosse o esforço do meu esposo para pregar a Palavra de Deus. Eu sentia o preconceito por parte de alguns antigos membros simplesmente por sermos da América do Sul. Aliás, a discriminação contra a nossa nacionalidade era algo comum que enfrentávamos em Nova York. Quando tentava falar inglês, ninguém se esforçava para entender, era muito humilhante. Esse início tornou-se tremendamente difícil.

Em uma noite de sexta-feira, ao dirigir para casa, depois de sair da igreja, eu não segurei o choro. Tive uma reação repentina e expus minha tristeza de viver ali. As lágrimas vieram de uma vez porque estava atravessando dificuldades além dos meus limites. Não aguentei tolerar mais. A água havia transbordado.

Edir não entendeu. Diante da reação de surpresa dele, desabafei:

– Ah, eu não me conformo. Deixamos a Igreja no Brasil com mais de dois mil membros e aqui só tem meia dúzia de gente. Não dá, Edir. Têm almas precisando de nós no Brasil.

– Calma, Ester, Deus vai nos honrar. Não olhe para os números. Tudo vai acontecer na hora certa.

O calendário parecia demorar a passar em Nova York.

Para piorar, o Natal, que normalmente no Brasil passávamos em família, passou para nós como um dia comum, como se fosse uma data qualquer. Eu e minhas filhas chegamos a ir ao shopping comprar roupas novas apenas para o jantar de Natal na igreja, na companhia das poucas pessoas que estariam lá. Ao chegarmos, todos estavam vestidos como se nada estivesse acontecendo naquele dia. Eu e as meninas nos sentimos totalmente inadequadas diante das demais pessoas. Mais uma rotina que sacrificamos ali. Sem nossos parentes, sem nossos amigos, sem nossa língua, sem o povo caloroso do Rio, sem datas especiais.

Um dos poucos aspectos positivos desse período, pelo menos, foi o fato do meu marido conseguir estar mais próximo da família. Chego a dizer que as meninas conheceram o pai nessa época. Cinemas, parques, caminhadas a pé nas ruas. Os passeios eram os mais diferentes possíveis. Todos nos tornamos ainda mais afetuosos uns com os outros porque passávamos bastante tempo juntos. Até quando nos perdíamos nas estradas de Nova York e Edir era obrigado a enrolar a língua para falar inglês, com as crianças caindo na gargalhada atrás no carro, valeu muito! Meu marido parava o carro para pedir uma direção e conseguia falar apenas duas palavras em inglês. Quando a pessoa passava a direção, ele só entendia a primeira instrução: vire à direita. Depois de virar à direita, ele parava de novo para perguntar e, assim, nós nos perdíamos de bairro em bairro. Era uma diversão. Como Deus é maravilhoso! Sempre provém um atalho para as nossas dificuldades. Se não fossem esses momentos de descontração em família, o que seria de nós?

A primeira vez que nevou em nossa casa foi outra doce lembrança.

– Pai! Mãe! Olhem a janela! Está nevando – gritavam as meninas, sorridentes, contando os segundos para brincarem no quintal.

O que predominava mesmo, porém, era a saudade do Brasil. Cristiane, Viviane e até Moysés pareciam perceber a frustração da mãe. É bem provável que a minha insatisfação em morar ali chegou a influenciar nossos filhos, a ponto de Cristiane e Viviane enfrentarem seguidos problemas de adaptação na escola. Elas também tiveram barreiras para se moldarem ao estilo de vida americano. A comida, os métodos de ensino, a falta de amigos. Eu e as crianças torcíamos para as férias escolares chegarem logo para podermos viajar de volta para nossa terra.

Nossa primeira experiência de morar no exterior durou aproximadamente quatro anos. Retornamos para o Brasil após a aquisição da Record, em 1990. A empresa e a Igreja precisavam de Edir por perto. Era só o início: anos depois, eu dedicaria minha vida a uma quantidade sem fim de viagens missionárias pelos lugares mais distantes do planeta. Um esforço e tanto pela Obra de Deus, como vou contar no capítulo "Que mulher suportaria?".

Ainda lá atrás, no elenco das viagens memoráveis, dessa vez apenas com boas recordações, a primeira vez que pisei em Israel significou uma experiência ímpar para mim. Pense em alguém criado desde a infância ouvindo as histórias bíblicas dos pais e avós, imaginando onde todas aquelas passagens maravilhosas aconteceram de verdade. Foi inesquecível conhecer a Terra Santa, em 1981. Aliás, vivi ali, também em outras visitas mais adiante, momentos diferentes guardados para sempre comigo.

A cada retorno, espiritualmente, é como se fosse a primeira vez. O próprio Deus fala algo especial conosco nos lugares sagrados de Jerusalém. O Monte Moriá, o Muro das Lamentações, a Fonte de Gideão, o Jardim das Oliveiras, o Rio Jordão, o Cenáculo. Eu me recordo de uma santa ceia celebrada por Edir no local do Santo Sepulcro, quando tivemos uma das primeiras caravanas da Igreja, com a participação de fiéis de diferentes nações. Sua mensagem sobre a ressurreição mexeu com todo o grupo de viajantes.

Mais recentemente, também me lembro da nossa subida ao Monte Hermom, a montanha mais alta do território israelense. Eu estava junto com meu marido quando ele ergueu as mãos para abençoar o povo no Brasil determinando a descida do Espírito Santo. Na hora, observei pequenos pássaros rodeando o monte, bem em cima da nossa posição. O sobrevoo dessa espécie de animal é raro naquela altitude.

Em todas essas visitas, sempre unimos um clamor pela paz em Israel. Aliás, toda vez que vamos a Israel, é como se estivéssemos voltando para casa. É um lar espiritual para nós. Edir já foi recepcionado pelas principais autoridades desse país, ganhou uma homenagem do então prefeito de Jerusalém, Ehud Olmert, que já ocupou o cargo de primeiro-ministro de Israel, e já se reuniu com o então ministro do Turismo, Moshe Katsav, ex-presidente do país, e o primeiro-ministro israelense, Benjamin Netanyahu. Para nós, foi uma honra. Temos muito carinho por essa nação e sempre oramos por ela.

O Monte Sinai, no deserto do Egito, é outro lugar com um simbolismo especial para mim naquela região do planeta. Realizamos juntos algumas sacrificantes escaladas ao topo da montanha. Em uma dessas subidas, ficamos três dias com alimentação à base apenas de pão e água, na companhia de outros companheiros de púlpito, além dos beduínos, habitantes locais. Fizemos um revezamento para cumprir a promessa de orar de hora em hora pelo povo da Igreja. Eu tive uma das visões mais espetaculares do céu, pontilhado de estrelas, ali, no meio da madrugada. O horizonte avistado do mesmo ponto de vista de Abraão.

A comida era preparada pelos beduínos: pão cozido, na hora, no chão de pedra. As unhas sujas e enormes deles se transformaram em um problema para mim. Fiquei quase dois dias sem comer. Só aceitei um pedaço de pão depois que Edir preparou e encharcou em azeite. Foram mais de quatro horas de caminhada em terreno íngreme e repleto de pedras. Em certo trecho da subida, meu marido tropeçou e machucou a perna, que sangrou na hora. Não desistimos de chegar até o topo.

Outra subida perigosa aconteceu, poucos anos antes, quando o camelo que carregava Edir virou de uma hora para outra. Em um ato de reflexo, um dos bispos o puxou pela camisa e evitou que ele caísse desfiladeiro abaixo. Eu gritei na hora. Foram mais cinco horas de dura caminhada depois do susto. A verdade é que toda vez que temos algo grande a realizar, coisas desse tipo acontecem para nos amedrontar.

Eu me recordo como se fosse hoje de um episódio ocorrido no mesmo local. Edir caminhou carregando debaixo dos braços pilhas de folhas com ações criminais contra ele e a Igreja Universal. Subimos o Sinai em lágrimas. No pico do monte, ao lado de bispos e suas esposas, Edir estendeu os processos para o alto e clamou pelo livramento. Ao lado dele, uni minha fé em oração.

Hoje, todas as ações e inquéritos foram vencidos e comprovados sem nenhum fundamento pela justiça. Viver cada uma das perseguições, porém, não foi uma missão simples. Somente relembrar tudo o que meu marido, eu e nossos filhos atravessamos me provoca uma sensação amarga.

As próximas páginas chegam assinaladas pela dor.

CAPÍTULO 4

Dores enraizadas

“Casada com um bandido”

Humilhação e ódio sempre foram palavras bem distantes para mim. Como contei, nasci e fui criada em uma família cristã em que se prezavam o convívio harmonioso com as diferenças e o tratamento cordial com qualquer ser humano, independentemente de condição social, nível de educação ou mesmo religião. Nunca vi meus pais levantarem a voz para outra pessoa. Nem sequer afirmarem que sentiam raiva ou desprezo por alguém. Expressões como essas agrediam minha maneira de pensar. Simplesmente ouvi-las já me provocava a sensação de ferir meus princípios.

Imagine, então, o que significou para mim enfrentar uma onda de violência injusta e de ataques infundados, com as mais cruéis formas de insultos, apenas por ser esposa de um homem de Deus. Apenas por compartilhar a vida com alguém cuja intenção sincera sempre foi socorrer quem se considera perdido, por apenas executar um mandamento bíblico. Talvez nunca ninguém será capaz de compreender tudo o que vivi durante essa fase de perseguições.

As acusações eram de todos os tipos, surgiam quando menos esperávamos, e começaram para valer com o crescimento da Universal Brasil afora. Milhares de vidas estavam sendo reerguidas, dezenas de pastores levantados para auxiliar Edir, novos templos surgindo de norte a sul do país. O preço disso tudo foi o preconceito e as calúnias. E tomou proporções inimagináveis logo após a decisão de comprar a Record.

Antes, os primeiros ataques já começaram a acontecer. Eu sabia que a Palavra de Deus prevê injúrias e mentiras contra os que professam a crença no Deus de Abraão, de Isaque e de Israel, mas viver esses momentos não é algo simples, confesso. Precisei ser firme para suportar situações de total vexame e, ao mesmo tempo, estar ao lado do meu marido como parceira inabalável no olho do furacão. Não foi natural presenciar o homem que amo ser alvo de um show de acusações. Um verdadeiro linchamento público também me atingiu, transformando em um pesadelo a minha rotina como mãe e responsável pelos cuidados da casa.

De uma hora para outra, a foto de Edir passou a ser estampada na capa dos jornais. "Curandeiro", "Estelionatário", "Enganador" e "Charlatão" eram algumas das palavras que ocupavam as manchetes. Logo, começaram as gozações e piadas na rua e uma onda de raiva por parte de muita gente com quem eu nunca havia sequer trocado uma palavra. Ao caminhar pelas ruas do bairro, ainda no início, comecei a perceber os olhares maldosos de pessoas que formavam opinião pelo noticiário tendencioso. Eram lugares que eu frequentava normalmente no dia a dia, quando ficava em casa para cuidar de Cristiane e Viviane.

– Coitada. Tem um marido bandido... – ouvi certa vez, de relance, duas mulheres cochichando na farmácia.

Fingi que não escutei para evitar discussão. Não tenho maus olhos, por vezes me considero até inocente demais.

Quando eu ia ao supermercado da região, na hora de passar o endereço para a entrega das compras, era sempre o mesmo constrangimento.

– Edir Macedo, é... – lia o caixa, em voz alta e irônica.

E completava o deboche:

– O lugar aqui é onde fica aquela Igreja que rouba o povo. É esse mesmo?

Nas lojas dos shoppings centers do Rio de Janeiro, durante muito tempo foi assim. Não havia outra opção para comprar roupas de qualidade na cidade. No instante em que eu preenchia um cadastro ou apresentava o cheque ou o cartão de crédito, a reação era imediata. Uma gerente de uma grife não poupou grosserias:

– Aquele ladrão? Aquele bandido? Odeio aquele homem.

Eu nunca respondia. Apenas me calava e deixava o comércio, sempre que possível, sem comprar nada.

Muita gente, sem saber que eu era esposa de Edir, também o atacava gratuitamente, como vários taxistas que me levavam até a antiga Avenida Suburbana, local da sede da Igreja. Os que não criticavam abertamente, quase sempre deixavam escapar um olhar torto. Vivi situações semelhantes, inclusive, com gente conhecida nossa. No fundo, entretanto, parecia que eles próprios não acreditavam nos propósitos do meu marido em servir a Deus. Cheguei a ouvir deles: "Lá vem a rica". Se eles pensavam assim, concluía, imagine o que os de fora raciocinavam de malícias.

Quando visitava meus parentes, logo passava na minha cabeça o constrangimento de ser a única das irmãs cujo marido era desrespeitado por todos naquele tempo. Chegava na casa dos meus pais, com minhas filhas, carregando alguns desses tormentos. Será que minha mãe leu o jornal hoje acusando Edir de ser "marginal"? Ela saberia de tudo, mas não desejava me envergonhar? Meu pai teria assistido na televisão a longa reportagem querendo incriminar meu marido, ouvindo policiais e juízes atacando a nossa honra? As declarações das autoridades condenando o trabalho de fé de Edir, rotulando-o como um criminoso sem escrúpulos, formaria a opinião dos meus irmãos? Todos sabiam da minha vergonha, mas se calavam para me poupar da dor?

Por ter uma família evangélica, também pensava sobre a maneira como me enxergavam do ponto de vista espiritual. Eles teriam convicção sobre a nossa sinceridade em fazer a vontade de Deus?

Compreenderiam que tanto meu marido como eu estávamos dispostos a pagar o preço de sermos perseguidos? Sentiriam tristeza em ver a filha humilhada nas ruas devido à sua convicção? Como nos olhavam sob o ponto de vista da crença deles? É certo que os comentários nas igrejas frequentadas pelos meus familiares eram inevitáveis, embora não acredito que meus pais e meus irmãos falassem mal da nossa fé.

Ninguém tocava no assunto comigo. Uma única vez, minha irmã mais velha contou que havia defendido Edir em uma corrida de táxi. Ao dar sua opinião sobre a Igreja, o motorista xingou meu marido de "ladrão". Minha irmã alegou que nos conhecia, sabia quem éramos e que o taxista estava completamente enganado sobre o seu cunhado. Na mesma hora, desceu do táxi.

Não tenho dúvida que essa imagem negativa, que chegava a atingir minha família, se devia à enorme quantidade de reportagens negativas que cresciam a cada dia. Ideias e conceitos maldosos divulgados e exibidos repetidas vezes, muitas vezes com apelação descarada à mentira. Teses bobas e argumentos infantis contra a fé praticada na Universal, que algumas vezes ainda tentam ressuscitar.

Eu me recordo de um programa horrível da falida TV Manchete. Durante mais de uma hora, Edir foi tachado de fanático no comando de uma Igreja repleta de miseráveis. O trabalho de libertação espiritual, indiretamente, foi rotulado de farsa. Até falsos membros nos criticavam. Depois, apareceu o convite para participar do programa de uma apresentadora então famosa no SBT. Inocentes, achávamos que a participação seria uma oportunidade para que as pessoas conhecessem a Igreja, mas, na verdade, foi uma verdadeira cilada para Edir. Ex-frequentadores mascarados, gente contratada pela produção, inventaram histórias absurdas e sem pé nem cabeça. Edir tentava se defender, mas os produtores estimulavam a plateia a vaiá-lo.

Era muito difícil ver meu marido humilhado publicamente.

Com o passar do tempo, o que eram apenas ataques nos jornais e na televisão se transformou em processos e ações criminais. Lembro de chegar a receber, por semana, duas ou três visitas de oficiais de justiça em casa para nos entregar intimações. Os motivos alegados eram os mais insensatos possíveis. Qualquer nova publicação na mídia virava um processo judicial. Uma revista trazia uma entrevista caluniosa de um membro qualquer afastado da Igreja, e, sem provas, logo os juízes acatavam os pedidos de investigação criminal.

A polícia também passou a agir assim. Éramos malvistos pelos policiais de todas as esferas e sempre tratados com truculência. Eles também apareciam na minha casa, repentinamente, nos horários mais impróprios, como se fôssemos bandidos foragidos. Certa vez, um delegado de São Paulo bateu à nossa porta antes das seis da manhã. Acordei assustada, sem entender o que estava acontecendo.

– O que foi, Edir? O que a polícia quer na nossa casa a essa hora?

– Um delegado diz que tem uma denúncia que o nosso carro é ilegal, não recolheram o imposto. Ele quer olhar o veículo na garagem – respondeu, perplexo, ainda com a cara inchada de sono, antes de conduzir os policiais prédio adentro.

É óbvio que descobriram que o caso era de responsabilidade do proprietário que nos vendeu o carro e meu marido não tinha absolutamente nada com aquilo. Por fim, averiguaram que o veículo estava totalmente legalizado.

Tinha momentos que eu não conseguia sequer preparar a nossa refeição com tranquilidade. Vivia sob tensão constante. O almoço e o jantar com meu esposo e meus filhos aconteciam com apreensão. Parece que já conseguia ver a hora em que o telefone tocaria estragando o nosso momento em família, roubando a paz de Edir.

Cada ligação trazia para mim a expectativa de um novo problema. E era mesmo o que acontecia. Eu abria a caixa de correios pedindo a Deus que não surgisse uma nova dor de cabeça ao meu esposo. Algumas notificações judiciais chegavam por correspondência. Era impossível termos alguns instantes de tranquilidade.

Por vezes, no meio do café em família, recebíamos a visita surpresa de um dos nossos advogados ou pastores. Edir se levantava rapidamente da mesa, em direção a uma conversa reservada no seu escritório, ou me pedia para levar as crianças para o quarto. Eu me encarregava de distrair Cristiane, Viviane e Moysés. Enquanto conversávamos ali, minha preocupação estava totalmente voltada para Edir e uma provável nova dificuldade que se erguia contra nós.

Recolhidos em nosso quarto, a sós, eu e Edir falávamos abertamente sobre as perseguições cada vez mais frequentes e sempre com maior intensidade. Ele demonstrava-se inconformado.

– Puxa, não entra na minha cabeça. A gente só quer ajudar as pessoas. Só isso. Por que tantas mentiras? Por que tantas agressões? Por que tanta gente contra?

Buscando serenidade, eu tentava acalmá-lo:

– Calma, querido. É uma guerra. No tempo certo você vai vencer. Jesus disse que seríamos perseguidos, mas que nosso galardão no céu seria grande. Estamos ajudando as pessoas, é isso o que importa.

Não era fácil colocar as minhas palavras em prática.

A mensagem de confiança passada para o meu marido servia, antes de tudo, para mim. Eu me sentia profundamente triste em vê-lo abatido, mesmo ele tendo me preservado de muitas situações de vergonha, simplesmente não me contando novos insultos surgidos no seu dia a dia.

– Eu não queria deixar a Ester ainda mais preocupada. Ela tinha as responsabilidades da casa, da criação das crianças e me sentia mal quando ficava abatida. Era como se eu estivesse triste – conta Edir, nos dias atuais.

Era impossível, porém, eu não me envolver com o clima de injúrias contra ele. Acima de tudo, porque sabia de sua sinceridade desde os primeiros passos como pregador do Evangelho e do seu anseio maior de estender as mãos aos abatidos. O ódio de quem nos perseguia, porém, era implacável.

O que ficava claro era a existência de um projeto maior, com a intenção de sufocar Edir com tantos processos, investigações, inquéritos, citações judiciais, batidas policiais, notificações. Um complô para o fim da Universal e do meu esposo. Tentaram destruir a Igreja, nossa família, nossa paz. Honestamente, se não fosse a nossa fé, não sei se eu estaria aqui para revelar essas histórias.

"Mas por que tantas perseguições?", o leitor deve se perguntar. É difícil até mesmo de explicar. O trabalho que Edir fazia e continua fazendo é um trabalho espiritual e quem não é espiritual acaba tendo dificuldades de entendê-lo. A cura é pela fé, as ofertas que as pessoas dão são pela fé, o trabalho é de fé.

Como podem existir pessoas que deduzem que as ofertas dadas para que esse trabalho cresça são para o nosso bolso? Não seria mais fácil, então, ter uma só igreja para que tivéssemos menos despesas e mais lucro? Não teríamos tanta dor de cabeça. Teríamos a nossa igreja, os nossos membros, a nossa vidinha segura, que provavelmente nos proporcionariam bem mais luxo do que temos hoje. Não moraríamos no andar de cima das igrejas, que normalmente se encontram em bairros simples da cidade. Teríamos a nossa casa em um condomínio fechado, em um bairro nobre. Não teríamos sacrificado tanto, manteríamos uma vida pacata com uma rotina de invejar. Mas, não, não é bem assim.

Eu vivia me perguntando como muitos não conseguem enxergar o tanto que sacrificamos diariamente pelas pessoas. Quanta injustiça! O preconceito que a mídia propagou contra nós fez com que o povo brasileiro nos odiasse praticamente de graça. Às vezes, à época, eu chegava antes da hora do culto e me sentava nas últimas poltronas para observar a entrada das pessoas. Em poucos minutos, eram mil, dois mil membros na Igreja da Abolição. Quando meu marido surgia no altar, o espaço estava abarrotado, com centenas em pé. O efeito se repetia nas dezenas de templos já abertos em todo o Brasil em pleno período de ataques. Milhares de famílias resgatadas, jovens transformados, pessoas livres dos seus tormentos, conquistando esperança e uma chance de recomeço.

Era um alívio. Mas o que já parecia uma tempestade contra nós, iria piorar com a conquista da Record.

A oportunidade para o meu marido surgiu quando ainda estávamos em Nova York, ao receber uma ligação telefônica de Paulo Roberto Guimarães, então bispo responsável pela Universal no Brasil e um dos primeiros membros ainda do tempo da antiga funerária. Ao desligar o telefone, percebi o desejo de Edir.

– Ester, é a nossa grande chance. Não dá para calcular quantas pessoas poderemos alcançar com uma emissora de televisão. Quantos resgatados, quantas vidas recuperadas. A Obra de Deus jamais será a mesma.

Eu o apoiei imediatamente.

Começava a nossa dolorosa travessia.

Eu precisava ser forte

Nos dias seguintes à ligação de Paulo Roberto, voltamos às pressas de Nova York para São Paulo. Quase não tive dias suficientes para providenciar a mudança e ajeitar as malas. Foi uma correria só. Ao chegar ao Brasil, pouco vi meu marido. Ele passava o dia isolado em reuniões com advogados e executivos tratando da compra da Record. Eu acompanhava o andamento das negociações em conversas pontuais no café da manhã ou quando almoçávamos ou jantávamos juntos. Sua fé estava mais avivada do que nunca.

Eu vivia extremamente ocupada. Com a mudança, tínhamos de organizar moradia, escola para as meninas, documentos e cuidar da nova rotina. Inicialmente, fomos morar na casa de um pastor responsável pela Igreja em São Paulo. Ficamos ali alguns meses e, sinceramente, não foi nada fácil. Primeiramente porque não estávamos instalados em nossa própria casa, morávamos com uma outra família com dois filhos pequenos. A rotina e a educação deles eram bem diferentes das nossas e, por mais que tentássemos ao máximo não atrapalhar sua privacidade, isso era impossível.

Esse pastor não respeitava o Edir. Ele tinha um comportamento diferente dos demais pastores. Vivia de cara emburrada, como se estivesse falando que nós estávamos de intrusos ali em seu lar. Os seus filhos não se deram muito bem com Moysés. Minha filha Cristiane começou a ter constantemente crises de bronquite asmática. E Vivi não conseguia passar nos exames para entrar na nova escola. Eu tinha de achar um novo lar urgente, para o bem de todos, especialmente em meio a tantas perseguições de fora também.

Com o passar dos meses, já com o ato de compra efetivado, eu observava Edir tenso com as prestações de entrada a serem pagas. Lembro que os valores, em dólares, eram muito puxados. Nosso país vivia uma época de inflação altíssima, com a economia completamente descontrolada.

– Estou tentando renegociar nossa dívida com o Silvio (Santos, então um dos donos da Record), mas ele não abre mão – contou-me, preocupado.

Era início de 1990, mais precisamente durante as primeiras semanas de fevereiro. No dia do vencimento da segunda parcela, não havia dinheiro suficiente. Uma cláusula no contrato ainda tirava o sossego de Edir: em caso de atraso no pagamento, perderíamos a compra da Record e mais todo dinheiro já pago. Além de não saber como solucionar a dívida da entrada, logo começariam as prestações que se traduziriam em mais contas elevadíssimas.

Os advogados enviados para negociar com os então donos da Record ligaram em casa com uma resposta negativa. Não havia margem para um pedido de renegociação. Não havia mais o que fazer. Já era início da madrugada.

– Eles não aceitaram, Ester. Temos poucos dias para encontrar uma saída – disse Edir, ao se despedir rapidamente do advogado.

Desde que começou a compra da emissora, perdemos a paz, por mais que eu tentasse de tudo para providenciar harmonia em casa. Achamos um apartamento para morar no meio de muito verde, já pensando no alívio de tanto estresse que teríamos que passar nos próximos meses. Decorei o apartamento do meu jeitinho. Pelo menos ali, Edir se sentiria amado.

Minhas filhas não conseguiram se adaptar à escola brasileira devido ao tempo que passaram nos Estados Unidos, então, apertamos um pouco o cinto e conseguimos colocar a Cris em uma escola americana. Já a Vivi não conseguiu entrar e acabou deixando de estudar no mesmo local. Tentamos várias outras escolas para ela, mas, quando descobriam quem era o seu pai, logo recusavam sua entrada. A minha filha deixou de estudar no ensino fundamental. Para evitar que a Cris passasse pelo mesmo problema, alertei para não falar a ninguém na escola quem era o seu pai. Só foram descobrir de quem ela era filha um ano depois.

Os sustos com as notícias ruins ocorriam a todo instante. Eu notava meu marido abatido, nervoso, mas evitava comentários. Sabia que não era o momento de falar, apenas ouvir. Precisava ter o comportamento de uma mulher sábia, mas não era tão simples assim. Meus filhos não precisavam compartilhar das mesmas preocupações. Tentei blindá-los o máximo possível. Não assistíamos ao jornal das oito com eles, não comprávamos jornal para ler em casa. E graças a Deus, na época, não havia internet.

Eu procurava manter minha cabeça no lugar e não demonstrar minha ansiedade, assim, poderia ser o ponto de equilíbrio da situação. Mas o que me agoniava era ver meu marido apreensivo e me sentir impotente, sem poder ajudá-lo. Nessa época, já tínhamos superado fazia muito tempo a nossa fase de adaptação e, portanto, havíamos nos tornado uma só carne. Tudo o que se passava com ele, eu sentia na pele.

Olhei para Edir e via a tensão refletida em seu rosto. A oração e o choro passaram a ser minhas expressões diárias. Fechada em meu quarto, só eu e Deus. Sabia das pressões. Eu não tinha a dimensão exata do que se passava com ele, por mais que estivesse ao seu lado, mas acreditava no poder de intercessão da esposa. Percebia que ele lutava, em vão, para encontrar uma saída. Honestamente, eu não conseguia ver uma solução fácil. Estávamos na dependência de um milagre.

Os jornais já publicavam que a venda da Record estava suspensa por falta de pagamento. Algumas reportagens chegavam até mim e me entristeciam.

Em uma daquelas noites, meu marido chegou em casa oprimido e foi direto para o quarto. Permaneceu pensativo, atravessando a noite praticamente em claro. Ao seu lado, a Bíblia. Passou o tempo meditando, orando. Em certos momentos, Edir se mantinha por minutos paralisado, olhando para o tamanho das contas. Tudo aquilo parecia um grande enigma.

Ao despertar de madrugada, encontrei Edir sozinho na janela da sala do nosso apartamento. Ele olhava fixo para o céu. O tempo estava fechado, as nuvens carregadas, com poucas estrelas possíveis de avistar.

– Onde está o nosso Deus? – perguntava para si próprio.

E se calava. Eu o observei por mais alguns minutos, respeitando seu instante de solidão.

– Vem dormir, amor...

– Já vou. Pode deitar, Ester.

E permaneceu contemplando o infinito da escuridão, sem exprimir uma única palavra.

Na manhã seguinte, Edir acordou cedo e partiu para o seu escritório, no prédio da Rádio Copacabana. Estava inquieto. Andava de um lado para o outro, sem parar, aflito.

– Estava pensando, Ester. Qual o sentido de chegar até aqui e, de repente, perder tudo de uma hora para outra? Deus vai nos abandonar? O que está acontecendo? – exclamava, com uma pergunta atrás da outra.

Eu via um peso dentro do meu marido, algo que o torturava, uma angústia sombria. De repente, ele se trancou sozinho no banheiro da rádio. Era a hora da decisão. Dobrou os joelhos, colocou o rosto no chão e chorou. Fez o que estava ao seu alcance e decidiu entregar para Deus:

– Senhor, a compra dessa emissora está nas Tuas mãos! Se conseguirmos a Record, muito bem! Se não, paciência! Se o Senhor não me ajudar, eu não vou fazer mais nada! Eu me rendo!

Edir finalmente desabafou. Deixou transparecer a sua dor naquele lugar apertado e tão simples.

– Meu Deus, eu não tenho nada a perder! O Senhor é a minha testemunha! Esse negócio não é para mim!

Após aquela oração, curta e de revolta, no banheiro do escritório, percebi a mudança em meu marido. Ele estava diferente. Mais forte, mais sereno, mais aliviado. O aperto no peito havia sumido. Parece que voltávamos a respirar. Nós não sabíamos ao certo o que iria acontecer, mas o Espírito Santo havia gerado em nós a certeza genuína da resposta.

Claro que a situação não se resolveu de imediato. Nos meses seguintes, fomos surpreendidos pela notícia de lançamento de um novo pacote econômico chamado Plano Collor, criado um dia após a posse do presidente Fernando Collor de Mello. Milhões de brasileiros tiveram confiscado o dinheiro guardado no banco. Infelizmente ouvimos falar de pessoas que cometeram suicídio ao perderem as economias de uma vida inteira. O plano obrigou Silvio Santos a aceitar as condições de renegociação da dívida com meu marido, o que possibilitou o pagamento da Record.

Alguns dias depois, outra novidade difícil de acreditar: os advogados informaram que o plano havia provocado uma queda no valor das prestações devido à brutal desvalorização do dólar. As parcelas de compra da Record, baseadas na cotação da moeda estrangeira, despencaram. As dívidas, antes gigantes, desabaram naquele dia e começamos a pagar as prestações com facilidade, a ponto de quitar até três em um único mês. Em pouco tempo, meu marido tinha quitado a dívida integralmente. A Record estava paga.

Há como duvidar sobre o poder de Deus?

O prazer era me humilhar

Quando a participação de meu marido como comprador da Record se tornou pública, as agressões se intensificaram. O tom pesado de discriminação dominava o noticiário. Começaram a vasculhar a nossa vida, nossa família, a Igreja. O mais revoltante era que todas as calúnias nunca eram comprovadas.

Em casa, como sempre, eu procurava manter a normalidade da nossa rotina para não assustar as crianças. Não era justo que absorvessem o sofrimento por tanta maldade. Eu as protegi com todas as forças contando sempre com o apoio do meu marido. Às vezes, algumas situações escapavam a esse cerco. Foi assim desde o início da adolescência das meninas.

– Mãe, por que falam que o meu pai é ladrão? – inquiriu Cris, curiosa.

Eu sempre as preparei para terem respostas prontas aos questionamentos nocivos dos colegas e professores de escola. Sabia que isso aconteceria, mais cedo ou mais tarde.

– Filhas, o papai pede ofertas e dízimos obedecendo à Palavra de Deus para pagar os aluguéis da Igreja, os programas de TV e rádio, as contas em geral da Obra de Deus. As pessoas de fora interpretam errado – explicava, didaticamente.

Nossas filhas nunca sentiram vergonha do pai nem carregaram qualquer complexo de inferioridade por isso. Pelo contrário, muitas vezes saíam em defesa da Igreja desafiando os amigos da turma.

Outro momento que me marcou profundamente foi a vez em que Cristiane nos flagrou chorando no escritório da igreja, minutos antes do início do culto. Eu e Edir, os dois juntos, em prantos. Nossa filha, então com 17 anos, muito feliz por estar noiva de seu futuro marido, viveu a dor de presenciar essa imagem. Ela não sabia dos detalhes de tantas perseguições porque tentei proteger nossas filhas ao máximo desse estágio de agonia. Entendi que a solução era não contar nada para elas, preservá-las das humilhações e da sequência cruel de ataques dos quais éramos vítimas dia e noite. Nesse período, o noivado e as preparações para o casamento da Cris eram um atalho, o pouquinho de ar que respirávamos em meio a tantas ondas no mar.

Nos tribunais de Justiça, sofri pessoalmente com o tom de escárnio e desdém de algumas autoridades. Os processos de acusações contra o nome de meu marido, e às vezes até contra o meu, formavam pilhas enormes nos escritórios de nossos advogados, o que nos forçava a prestar depoimentos o tempo inteiro. Novamente, nada nunca comprovado.

Jornalistas eram escalados para acompanhar cada um dos nossos passos no Brasil e até no exterior. Chegaram a quase invadir nossa casa nos Estados Unidos. Quando eu olhava para o lado, sem ao menos perceber, avistava uma equipe de reportagem atrás de mim. Bastava um embarque ou desembarque no aeroporto, lá estavam fotógrafos e repórteres. Eu acompanhei Edir algumas vezes em depoimentos em fóruns e tribunais. Era uma pressão devastadora, como se meu marido fosse a pior pessoa do Brasil.

Quando fui interrogada algumas vezes, a ironia era geral. Começava pelos deboches da imprensa e de homens e mulheres parados na porta do prédio da Justiça. Alguns xingavam, mas quase todos faziam chacotas e riam. Durante uma audiência no tribunal, uma juíza agiu de modo ultrajante comigo. Ela queria uma explicação que eu não poderia dar.

– Então, a senhora assinou esse documento aqui?

– Sim, meritíssima. Assinei.

– Mas por que você assinou?

– Assinei como esposa. Meu marido me explicou que era preciso assinar.

– Ah, sim... A senhora está me dizendo que seu marido a mandou assinar e a senhora obedeceu. É isso?

– Sim, meritíssima.

Em seguida, ordenou ao escrivão registrar meu depoimento repetindo minhas palavras em um tom bastante irônico, rindo só com um canto da boca.

– Anote aí. Essa senhora falou que não sabia nada do que assinava. Ela não sabe de nada... nada.

Sofremos com o desrespeito explícito, mesmo com a lei ao nosso lado. Como no dia em que um grupo armado de policiais civis, com metralhadoras e revólveres apontados para os membros e obreiros, interrompeu nosso culto na Universal do Brás. Invadiram o escritório, arrombaram armários e apreenderam pastas e documentos. Um dos bispos à época foi levado algemado para depor na delegacia. Obviamente não encontraram nada de errado também.

Alguns desabafos de Edir aconteciam quando estávamos sozinhos, em nosso canto. Em determinadas circunstâncias, me senti ferida demais com as confidências que me fazia. Era como se a dor dele estivesse em mim. Um dia, junto comigo na sacada do prédio, avistando um cachorro vira-lata na rua, meu marido chegou a dizer que aquele animal era mais feliz do que ele e que daria tudo para estar no lugar daquele cão abandonado. Minhas palavras de conforto pareciam sem efeito tamanha a sua atribulação.

Chegamos ao absurdo de viver o constrangimento de fugir da polícia. Isso mesmo: uma mulher se escondendo para ajudar a proteger seu marido foragido. Uma humilhação para qualquer esposa. Uma desonra para mim.

Tudo começou quando Edir organizou uma gigantesca concentração no Estádio do Maracanã, em 12 de outubro de 1991, mesmo dia de uma missa a céu aberto de um papa em visita ao Rio Grande do Norte. O evento da Igreja permaneceu confirmado por vários meses, mesmo com diversas autoridades do governo pressionando pelo cancelamento. Edir recebia constantes ligações de homens fortes de Brasília exigindo a desistência, mas ele seguiu sem medo.

Ao chegar dos Estados Unidos, três dias antes da cerimônia no Maracanã, meu esposo foi chamado pelos advogados para depor em mais um inquérito. De uma hora para outra, no entanto, o interrogatório na Polícia Federal acabou adiado. Na véspera da reunião no Maracanã, Edir convidava os espectadores pela Rádio Copacabana quando foi avisado sobre um inesperado pedido de prisão.

De repente, recebo uma ligação apressada.

– Ester, se prepare porque vamos viajar – falou Edir, brevemente.

– Por quê? O que aconteceu?

– Agora inventaram que não fui aos depoimentos, acredita? Estivemos na polícia há dois dias, lembra? É uma vergonha – indignou-se.

Difícil acreditar, mas Edir estava sendo procurado pela polícia. Precisava se apresentar espontaneamente às autoridades para evitar uma detenção pirotécnica. Às pressas, iniciamos uma espécie de "fuga". Passamos a noite escondidos na casa de um dos meus parentes, em Niterói. Não é difícil pensar no tamanho da minha vergonha ao explicar os motivos da nossa repentina estadia.

No dia do evento, fomos impedidos de chegar próximo ao Maracanã. Horas antes da reunião, um dos pastores telefonou para contar que havia agentes federais espalhados pelo estádio, de tocaia. Eu fiquei assustada. Nossa ausência não impediu a realização da concentração de fé. Estiveram nas arquibancadas do Maracanã mais de cento e cinquenta mil presentes enquanto, no Rio Grande do Norte, o papa reuniu menos de noventa mil pessoas. Essa comparação, é claro, repercutiu na imprensa brasileira e até internacional. Não era a intenção do meu marido.

Edir e eu passamos o final de semana com o paradeiro desconhecido. Mudamos de endereço três vezes. No banco do carro, quando passava alguém suspeito, éramos obrigados a abaixar. No posto de gasolina, tínhamos de ficar escondidos como marginais. Vivemos três dias como bandidos.

Na madrugada de domingo, viajamos de carro a São Paulo para Edir se apresentar segunda de manhã na sede da Polícia Federal, no centro da cidade. Foi um dia de depoimentos. Ainda naquela segunda, ele chegou exausto em casa. De fato, havia muito tempo não via meu marido tão esgotado. Um cansaço interior.

– Cheguei ao meu limite, Ester. Não sou homem de fugir da polícia. Não sou ladrão, não sou bandido. Queremos socorrer os sofridos. Mais nada! Onde está Deus? – desabafou.

Eu o ouvi em um silêncio respeitoso.

Conversamos longas horas sobre a justiça de Deus e como estávamos sofrendo por uma causa maior abraçada em nome dos menos favorecidos. Colocamos nossa juventude, nossos projetos, nossos sonhos pessoais, nossa vida por inteiro diante de Deus. Ele não poderia nos desamparar. Juntos, dobramos os joelhos para orar naquela noite.

Já um pouco mais tarde, quando nos preparávamos para dormir, o telefone tocou:

– Senhor Edir, preciso que volte à delegacia neste momento. O juiz está ameaçando não liberar seu alvará de soltura. Disse que pode até expedir outro mandado de prisão – informou um dos advogados.

Eu parecia não acreditar. Horas depois de deixar o prédio da Polícia Federal, Edir foi obrigado a retornar ao local. Ele só voltou para casa de madrugada. Parecia um ser sem expressão.

O pior dos ataques daquele tempo, contudo, ainda estava para acontecer: meu marido seria lançado atrás das grades.

Presa ao lado de Edir

A mulher tem a capacidade de enxergar mais detalhes do que o homem. Nossa sensibilidade de mãe nos dá esse dom. Quando a onda de perseguições contra Edir se transformou em um *tsunami*, algumas notícias em especial passaram a despertar minha atenção. Notava matérias de jornal e declarações de autoridades insuflando um discurso de que meu marido tinha problemas psiquiátricos. Tratavam-no como um maluco religioso que deveria ser trancafiado em um sanatório.

– Edir, acho que a estratégia deles é internar você em um hospício para nunca mais sair ou até lhe aplicar injeções com efeitos piores. Os jornais só falam disso. Eles querem acabar com a Igreja colocando você longe da liberdade, longe do povo – comentei, àquela época.

Como não conseguiram enclausurar Edir em um manicômio, no meu entendimento, surgiu um plano armado para colocá-lo na prisão. Isso aconteceu no início de uma tarde de maio de 1992.

Tínhamos acabado de deixar a igreja no bairro de Santo Amaro, em São Paulo, em direção a nossa casa para um almoço em família com a presença de alguns amigos. Nossa filha Viviane, à época com 17 anos, e uma fiel da Igreja estavam no banco de trás do carro. Eu seguia no banco de passageiro ao lado de Edir ao volante. O então deputado federal Laprovita Vieira e sua esposa e grande amiga, Vera, estavam em outro automóvel, logo atrás de nós.

Era um domingo relativamente comum. Andamos com o carro alguns quarteirões da saída da igreja quando ouvimos um estrondo. De repente, surgem cinco ou seis viaturas da polícia correndo em nossa direção. Não entendi direito o que estava acontecendo. Jamais imaginei que pudesse ser algo grave. Era difícil assimilar tudo tão rápido. As últimas palavras que troquei com Edir, antes de ser levado com violência, traduzem o momento de pavor:

– Edir, você passou algum sinal vermelho? Fez alguma coisa com o carro? O que é isso?

– Claro que não, Ester. Estou dirigindo normalmente.

– Meu Deus! Mas o que é isso, meu Deus?

As viaturas, com os ruídos da sirene, acelerando ferozmente, nos forçaram a parar. Eles acenavam com brutalidade. Alguns colocavam a cabeça para fora da janela do carro e gritavam. Eu me vi em um filme de ação e terror. Metralhadoras, revólveres e muitas armas pesadas apontadas para meu marido e para nossa família. Eram mais de vinte agentes policiais, alguns encapuzados. Um deles pulou em cima do capô do nosso carro.

Meu marido parou o veículo e imediatamente levantamos os braços. Minha primeira reação foi pensar que estávamos sendo vítimas de um sequestro. Não fazia sentido todo aquele aparato diante de um casal e duas jovens dentro de um veículo. O deputado Laprovita tentou argumentar, mas foi impedido. Edir recebeu voz de prisão e foi arrastado em direção a uma das viaturas. Seguiu em silêncio, estático. Nem poderia demonstrar nenhum tipo de resistência diante de tantas armas apontadas para ele.

Eu observava tudo, em pé, já fora do carro, ao lado de Viviane, que correu para ficar próxima de mim. Tentava acalmar minha filha e, ao mesmo tempo, entender toda a confusão. Não conseguia ter uma clareza dos fatos. Por alguns minutos, não sabia para onde ir nem o que fazer. Só consegui enxergar meu marido sendo jogado na viatura com truculência como se fosse um bandido perigoso.

Naquele momento, perdi a calma. Eu e Viviane começamos a gritar, pedíamos explicações aos policiais, mas ninguém parecia nos ouvir. Um pequeno tumulto se formou na rua. O carro da polícia saiu em arrancada, com Edir detido entre dois agentes armados. Viviane se desesperou:

– Meu pai! Cadê meu pai? Meu pai!

Eu realmente perdi o chão.

– Vamos, Viviane, entre no carro! – pedi, atônita.

Tomei a direção e saí em arrancada achando que poderia alcançar o comboio policial. Não deu certo. As viaturas avançavam em alta velocidade, atravessando os cruzamentos sem parar. Novamente, bateu a agonia. O que, de fato, teria acontecido com Edir? Para onde o teriam levado? Seriam policiais de verdade ou criminosos disfarçados? Por que tantos agentes, com tanta atrocidade, contra um simples pastor de igreja? O que faria a partir daquele momento? Para onde iria? Para quem eu pediria socorro?

Já em casa, as ligações telefônicas não paravam em busca de notícias do meu marido. Viviane não continha o choro o tempo inteiro. Apesar de nervosa, eu buscava manter o equilíbrio para encontrar uma saída. Depois de algumas horas, um telefonema nos confirmava que Edir havia mesmo sido preso pela polícia.

De modo instantâneo, meus pensamentos novamente começaram a entrar em conflito: como cometeriam uma injustiça tão grande como essa? Que delitos meu marido teria praticado para merecer a cadeia? A Justiça seria capaz de aprovar um ato tão ilógico e revoltante como aquele? Preso apenas por pregar a Palavra de Deus e dedicar a vida em espalhar esperança? Desde os primeiros passos, eu vi sua intenção em salvar almas, sacrificando suas vontades e seus projetos pessoais por inteiro. E o preço que pagaria era ser jogado atrás das grades? Sua recompensa seria a humilhação da cadeia?

É possível supor um pouquinho do que vivi naqueles instantes.

Entrei no quarto para me arrumar, com destino à delegacia onde Edir estava detido, e, sozinha, me ajoelhei e chorei diante de Deus. Não conseguia me conformar com a situação, mas, ao mesmo tempo, eu precisava ser firme. Meu marido precisava de mim.

Estava disposta a permanecer presa com Edir os dias que fossem necessários. E, de certa forma, assim aconteceu.

No início da noite cheguei à delegacia. No trajeto, só de imaginá-lo em uma prisão e vê-lo tratado como se fosse um marginal perigoso, vivi momentos no meu interior que pareciam me rasgar de alto a baixo.

Nós nos encontramos em uma pequena sala do distrito para que tivéssemos mais liberdade. Aquela sala foi utilizada por Edir, em todo o período que ficou na delegacia, para receber suas visitas. Entrei lentamente pela porta, mas não consegui me manter forte. Estava muito abatida, não suportei vê-lo preso. Chorei em silêncio. Ele aparentava estar calmo.

– Amorzinho, que injustiça – exclamei, sem gritar.

Ele não falou nada. Apenas o abracei e o beijei. E perguntei:

– Você vai para casa hoje, né?

– Não sei, acho que não, mas fique calma. Está tudo tranquilo. Vamos resolver isso – afirmou, manso.

A delegacia contava com quatro celas, todas lotadas. Mais de vinte presos se abarrotavam naquele espremido espaço. Poucas janelas, escura, o ar pesava. O cheiro forte também incomodava.

O horário da visita havia terminado. Voltei para casa contrariada, por ordem da polícia. Edir ficou sozinho na cela junto com os demais presos, local em que passou a primeira madrugada. Ele se sentou em um pequeno espaço livre da cela aguardando o sono chegar. Horas mais tarde, recebeu um colchonete e, com a ajuda dos outros presos, arrumou um canto para se acomodar. Esticou o colchonete no piso entre dois beliches ocupados por outros detentos.

Passei a noite em casa tentando acalmar Viviane. Nós não contávamos para nossos filhos a onda de perseguições que nos atingia em cheio para poupá-los da dor. Usei aqueles momentos para consolar minha filha, mostrar a ela que o pai havia sofrido uma tremenda injustiça, que não era nenhum criminoso para ser tratado daquela forma. Ao mesmo tempo, pensava em Edir sozinho na cadeia. Raríssimas vezes meu marido e eu dormimos separados desde o nosso casamento. Apenas quando as meninas nasceram e em poucas viagens missionárias. A ausência dele machucava. Aquele vazio doía.

Pouco antes de dormir, Viviane bateu à porta do meu quarto.

– Mãe, posso dormir aqui com você? Não quero que a senhora fique sozinha. Pode? – perguntou, com os olhos inchados de tanto chorar.

– Claro, meu amor. Vem aqui com sua mãe. Você precisa descansar, se acalmar um pouco. Mas antes vamos fazer uma oração.

Com os joelhos dobrados, cada uma de um lado da cama, falamos com Deus e imploramos Sua proteção para Edir e toda a nossa família. Estava difícil orar em uma noite de tanto sofrimento. No silêncio da madrugada, choramos juntas e dormimos abraçadas.

Apesar de demonstrar força para minha filha, eu não estava bem. Estava destruída por dentro.

"Mãe, o que fizeram com nosso pai?"

Ao amanhecer, apanhei algumas roupas, rapidamente tomei meu café, bem forte, e saí. Logo cedo, já estava a postos em frente à delegacia, aguardando para rever o meu marido. Fui a primeira a me encontrar com ele naquele dia. Antes de roupas limpas e produtos de higiene, Edir me pediu uma Bíblia. Pouco tempo depois, recebemos a visita dos bispos e pastores que, solidários, tentavam animá-lo.

A sala da delegacia para as visitas logo se tornou nosso espaço permanente. Na primeira semana preso, Edir autorizou a imprensa a fotografá-lo atrás das grades. Estava sentado nos fundos da cela, com as pernas cruzadas, lendo a Bíblia. Vestia camisa branca de mangas curtas e calça social cinza, que levei em uma das visitas.

Os dias foram passando sem a liberdade. Eu tinha a sensação de que o tempo passava lentamente. Estávamos revoltados, mas tínhamos de manter a calma. Apesar de toda a indignação, eu precisava estar ao lado de meu marido, ser o ponto de equilíbrio. Muitas vezes em silêncio, apenas um olhar, um abraço, um toque. E foi o que fiz.

Já casada, nossa filha Cristiane morava em Nova York. Moysés, ainda pequeno àquela época, passava algumas semanas com ela. Ela recebeu a notícia por telefone.

– Mãe, quero ir para o Brasil ficar com meu pai. Quero ir logo – pedia ela, com insistência.

– Não adianta, minha filha. Preciso que você fique aí cuidando do Moysés. Mantenha a tranquilidade. Deus vai abençoar – tentava sossegá-la.

Cris não suportou e também chorou à distância. Ao vê-la assim, o irmão comentou com os coleguinhas da escola sobre a prisão do pai. Na mesma semana, ela foi convocada no colégio para dar satisfações. Diante da professora, Cristiane tentou explicar a embaraçosa situação no Brasil. Nada aconteceu com Moysés.

Nas semanas seguintes, Viviane ficou hospedada na casa de um dos pastores amigos nossos. Foi a melhor maneira encontrada para me dar segurança e me dedicar a Edir. Ela também era proibida pelas autoridades de visitar o pai por ser menor de idade.

– Como ele está? Estou com saudades. É duro saber que ele está dormindo no chão. O que fizeram com ele? E agora? O que vai ser do papai? O que vai acontecer com ele? Quando ele sai de lá? – indagava, preocupada.

A minha resposta se repetia como sinal de segurança:

– Fique em paz, meu amor. Deus vai abençoar.

Ao deixar a delegacia, eu retornava para casa, entrava no quarto, fechava a porta e chorava para Deus, meu refúgio e minha força.

Cinco dias na cadeia e nada. Queríamos logo ir embora para casa. Eu estava muito preocupada com meu marido. Ele caminhava para o esgotamento. Quase não comia, apenas ingeria água, muita água. Estava sob pressão, não tinha apetite. Não conseguia dormir direito. A tensão estava estampada em seu rosto.

Certo dia, uma cena comovente tocou a todos na delegacia, inclusive os próprios delegados e carcereiros. Minha sogra, dona Geninha, então com 71 anos, veio do Rio de Janeiro especialmente para encontrar Edir. Assim que viu o filho preso, chorou. Meu marido colocou a mão nos ombros dela e afirmou:

– Calma, mãe. Deus é conosco.

– Eu creio, meu filho. Continuo orando por você todas as noites, querido – ela respondeu e o abraçou.

Sempre que entrávamos ou saíamos da delegacia, um exército de repórteres nos cercava pedindo entrevista. Um constrangimento difícil de aturar, ainda mais para a minha sogra já idosa.

Os advogados não traziam sequer uma notícia positiva. Todos os pedidos de *habeas corpus* tinham sido negados. Não posso negar que aquela demora me preocupava, mas a lentidão da Justiça em autorizar a saída de Edir nos proporcionou experimentar momentos surpreendentes. Cada vez mais pessoas, personalidades ou gente comum, mesmo as que nos criticavam, passaram a demonstrar apoio. Éramos informados o tempo todo sobre declarações favoráveis à liberdade dadas por autoridades, políticos, artistas e até líderes de outras religiões. Muita gente contra a Igreja passou a torcer por nós.

Vivemos algo muito especial: uma união ardente da Igreja Universal. Se o que eles queriam era destruir a Igreja, eles conseguiram uni-la ainda mais. Pastores, obreiros e o povo em geral passaram a fazer vigílias na porta da delegacia. Era possível sentir a força das orações. Quando Edir completou uma semana na cadeia, a delegada de plantão o chamou para dizer que estava preocupada com o crescimento dos manifestantes e pediu para que ele gravasse uma mensagem de rádio a fim de acalmar os ânimos. O pedido foi prontamente atendido.

Algumas manifestações nos comoviam. Certo dia, mais de mil pessoas, que protestavam na porta da delegacia, abraçaram a cadeia numa enorme corrente de mãos dadas.

Quando eu chegava à prisão, conforme me aproximava, já era possível ouvir um coral de músicas de fé, cantadas pela multidão na porta da delegacia. Eu vi inúmeras senhoras, muitas com a saúde frágil, orando durante horas e horas sem parar. Dia e noite, muitas vezes até de madrugada, formavam rodas na calçada, de mãos dadas, pedindo uma resposta de Deus.

Em fevereiro de 2010 ganhei uma linda festa surpresa
para comemorar meu aniversário de 60 anos.

Meus pais passaram por uma fase de grande dificuldade financeira; mesmo assim, consegui comemorar o meu aniversário de 15 anos ao lado dos meus primos e primas. Aos 20 anos, pouco antes de conhecer Edir e a foto de quando eu tinha 17 anos, que ele guarda carinhosamente em sua carteira até hoje.

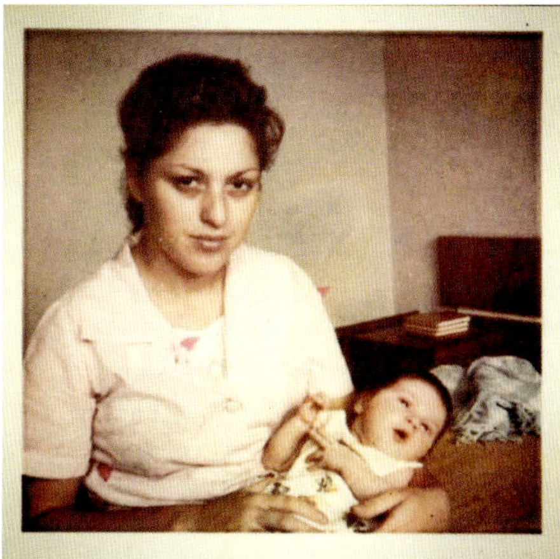

Cristiane, a nossa primeira filha, veio de uma gravidez surpresa. Ser mãe era uma vontade antiga e tê-la nos meus braços foi a realização de um sonho. Sua chegada trouxe uma alegria incondicional a toda a família.

A chegada de Viviane me aproximou ainda mais de Edir. Cristiane assumiu o papel de cuidar da irmã e juntos enfrentamos dificuldades terríveis para cuidar de sua saúde.

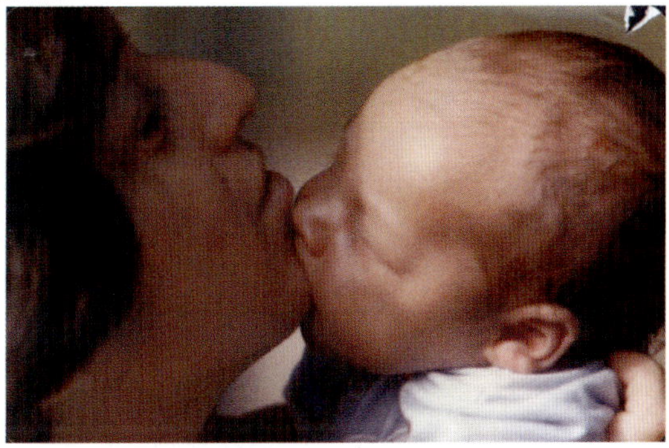

Meu filho caçula, Moysés, entrou em nossa vida com apenas 14 dias e a família inteira ficou radiante com a sua chegada. As meninas disputavam a vez de tê-lo no colo.

Parte da infância das crianças foi vivida em Nova York, nos Estados Unidos, um período difícil de adaptação para mim. Viver fora do Brasil foi um sacrifício pela Obra de Deus.

Cuidei de todos os detalhes e participei ativamente dos preparativos do casamento de minhas filhas. Cristiane se casou em 1991 e Viviane no ano seguinte: lembranças inesquecíveis.

Mesmo com uma agenda repleta de viagens missionárias, sempre procurei estar perto das minhas filhas, dar conselhos, mas também dou carinho e muitos abraços.

Minha mãe, meu exemplo de caráter e de fé, uma mulher discreta e temente a Deus. Na foto abaixo, em 2014, já bem doente, em uma das últimas visitas em que ela ainda me reconheceu.

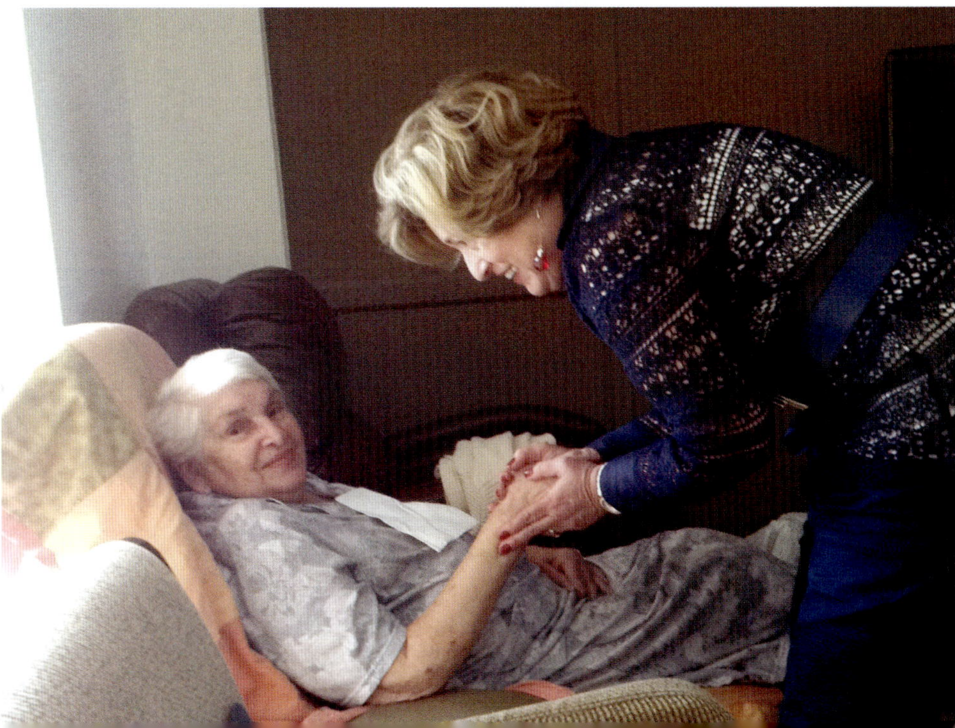

O papel da mulher é o de edificar o seu lar. Uma mulher de Deus sabe de suas responsabilidades. Sabe que cabe a ela gerar a paz, a concordância e o aconchego no lar.

Até hoje, quando estou em casa, gosto de cozinhar para a minha família e tenho a costura como um passatempo prazeroso.

Minhas filhas são mulheres de Deus, que dedicam a vida ao Altar. Hoje, nós orientamos espiritualmente mulheres de diferentes idades na Igreja.

Reunião com as voluntárias da Escola Infantil, na Igreja de Santo Amaro, em São Paulo, e uma de minhas visitas à Igreja do Soweto, na África do Sul. Em qualquer parte do mundo, a Universal é um imã dos mais variados tipos de mulheres, que chegam até nós castigadas pela perversidade do mundo. E todas carregam uma mesma esperança: receber nossa mão estendida para se reencontrarem na vida.

Reunião do Godllywood só para mulheres no Templo de Salomão:
vida de comunhão com Deus para nos transformar em pessoas melhores.

Lutei contra meus erros para ser uma mulher de Deus e hoje colho com alegria os frutos do que plantei. Minhas filhas serão minhas meninas para sempre.

Após onze dias na cadeia, o fim do pesadelo. O juiz havia, finalmente, autorizado sua liberdade. Respiramos aliviados. Abracei Edir por longos minutos. Era hora de deixar a prisão pela porta da frente, de cabeça erguida.

Antes de partirmos, pastores e obreiros distribuíram dezenas de Bíblias para os presos. Na cela, ajudei meu marido a recolher roupas e objetos pessoais. Edir vestiu um terno azul-marinho e camisa branca. Agradeceu o convívio com os carcereiros e detentos naqueles onze dias, cumprimentou um a um, e deixamos a delegacia.

Era pouco mais de sete da noite. Foi uma enorme confusão. Quase me espremeram, os jornalistas queriam gravar entrevistas, registrar uma imagem ou conseguir uma foto. Mas o que prevalecia eram os gritos de comemoração dos membros e simpatizantes da Igreja. Eufóricos, festejavam e tentavam nos cumprimentar com vibração.

– Justiça! Justiça! Justiça! – celebrava a multidão.

A alegria não cabia dentro de mim.

Ao sairmos da delegacia, antes de voltarmos para casa, Edir decidiu realizar uma reunião na mesma Igreja de onde saiu direto para a sua prisão.

– De lá saí para a cadeia e para lá voltarei – afirmou ele para o meu cunhado Celso Bezerra, que guiava o motorista.

No banco de trás, feliz, eu segurava firme nos seus braços. Juntos, unidos, a caminho da liberdade. Ao descer do carro, caminhamos lentamente até o altar. Havia tanta gente de pé que se perdia no fundo da igreja. Pastores, obreiros, o povo. Homens, mulheres, crianças. Ao entrar, os aplausos da multidão ecoaram pelo salão. Edir acenou em silêncio por alguns segundos. E apenas disse:

– Toda honra para o nosso Deus.

Sentada nas poltronas um pouco mais atrás, limpando os olhos lacrimejados, apenas pronunciei baixinho:

– Amém.

E abri um sorriso de alívio e gratidão.

Abraçados por uma nação

Repito sempre às esposas de pastores como é comum ver histórias de mudança de vida em pessoas que diziam nos odiar. Muitas nos rejeitavam com fúria por nos conhecerem apenas pelos noticiários, isto é, gente influenciada pela maldade e pelo preconceito de quem dá a notícia. A intenção era esta: fazer o máximo possível de gente ter raiva mortal de Edir e de mim. Até hoje, todas confirmam ouvir a mesma declaração nos lugares mais diferentes do Brasil e até em outros países.

– Dona Ester, me perdoe porque eu odiava a senhora e o bispo. Eu não sabia quem vocês eram, o que era a Igreja, mas ouvia falar muito mal. Agora Deus mudou a minha vida, fui libertada e minha família reconstruída. Sou uma nova criatura e consigo enxergar o bem que vocês fazem – ouvi, repetidamente, inúmeros testemunhos ao longo de toda a existência da Igreja.

Os ataques, de fato, foram impiedosos. Não foi fácil suportar tudo como esposa e mãe. Mesmo depois da prisão de Edir, as perseguições voltaram. Eles não desistiam. Esperavam que meu marido se rendesse e a Igreja caminhasse para trás. Foi então que, quando menos esperávamos, surgiu um novo tipo de ofensiva: casais que estavam em nosso meio, pessoas consideradas de confiança, acima de qualquer suspeita, realizando o serviço sagrado da Obra de Deus, se levantaram contra nós com uma cólera assustadora, às vezes até maior do que a de quem estava do lado de fora.

Mulheres de bispos e pastores que dividiam a intimidade comigo, compartilhavam da minha rede pessoal de amizades, diziam-se "tementes" e "fiéis", partiam para a rebelião permitindo-se serem manipuladas pelas emissoras de televisão e revistas. Afirmavam uma série de bobagens e mentiras com o objetivo de nos ferir. Muitas participavam ao meu lado de encontros reservados, em que meditávamos nos textos bíblicos, orávamos de mãos dadas e conversávamos sobre como sermos mulheres sábias, capazes de edificar nossas casas, e as formas de socorrer as que padeciam longe de Deus. Não havia como desconfiar. Uma delas foi aquela que me recebeu em seu lar logo que voltamos ao Brasil na época da compra da Record. Ela e seu marido saíram da Igreja devido a uma revolta contra Edir. Ele não aceitava ter que se submeter ao meu marido depois de ter cuidado da Igreja em São Paulo. Achava-se autossuficiente e a gota d'água para ele foi ser repreendido, após desrespeitar Edir. Ele não aceitou e resolveu sair da Igreja.

Muitos pastores abandonaram o Altar motivados pelos benefícios que receberiam se professassem mentiras contra nós. Ingratos com o que Deus havia feito por eles, já que todos tinham sido recuperados de uma vida destruída, cheia de problemas, alguns passaram a dar entrevistas para criticar a Igreja e o meu marido. Infelizmente, conheci muitas mulheres que apoiaram as atitudes de ódio dos seus esposos.

A grande parte dessas mulheres, com o passar do tempo, acabou se perdendo com as armadilhas deste mundo sujo e cruel. Algumas chegaram a retornar à Igreja, com ou sem o marido, recomeçaram como voluntárias, provaram estar arrependidas e se reergueram, graças a Deus. Outras assumiram uma raiva inexplicável contra nós. Cada uma delas está incluída nas minhas orações até os dias de hoje.

Outro tipo de perseguição que me surpreendeu foi presenciar líderes evangélicos pregando a ira contra nós, sempre apoiados por suas esposas. Justamente quem deveria espalhar o perdão, o amor e a fé comandava a artilharia de difamações. E, o pior, acredite: quase sempre usavam a própria Bíblia para nos condenar e julgar nossos atos. Os insultos aconteciam nos cultos de suas comunidades religiosas, mas, principalmente, em depoimentos nos telejornais da Globo e em jornais com uma linha preconceituosa.

Mesmo hoje, vira e mexe, surgem novas lideranças evangélicas que sobrevivem de ataques e calúnias ao meu marido. Não se preocupam em pregar o Evangelho aos necessitados, mas em agredir os que permanecem na fé. Suas esposas seguem o mesmo tom e destilam veneno e cólera em mulheres que deveriam receber seu cuidado espiritual. Lamentável e triste ter assistido a esses episódios no passado e saber que isso ainda existe no meio cristão.

Na época, esse ódio propagado pela mídia em geral, pelos desafetos e por aqueles que se incomodavam com o nosso crescimento acabava se espalhando pelas ruas, provocando fatos deploráveis.

Era uma época em que Edir tinha a obrigação de andar com um documento de contramandado de prisão da Justiça. Para sair do Brasil na tentativa de cumprir compromissos de evangelização, era sempre preciso autorização judicial. Tínhamos nossa liberdade parcialmente tolhida. Apesar da indignação diante de tanta opressão, obedecemos às normas rigorosamente.

No Aeroporto Tom Jobim, no Rio de Janeiro, eu estava com Edir e Moysés, ainda bem criança, nos preparando para embarcar para os Estados Unidos, já sentados nas poltronas, quando agentes da Polícia Federal convidaram meu marido a deixar a aeronave por meio do sistema de alto-falante. Buscavam o documento de contramandado de prisão, com o aval para deixar o país. Atrasaram o voo em mais de trinta minutos provocando um mal-estar entre nossa família, a tripulação e os demais passageiros. Parecia um ato calculado.

Ao sair da aeronave, no corredor, alguns gritavam:

– Vamos passar a sacolinha enquanto isso!

Eu ignorava a maldade e orava a Deus para acalmar Edir, visivelmente alterado. Sozinha na poltrona do avião, olhando pela janela, elevei meus pensamentos para o Alto e me lembrei da promessa: *"Se tiverdes fé como um grão de mostarda, direis a esse monte: passa daqui para acolá, e ele passará"* (Mateus 17.20). Pedi a Deus para a "montanha" daquele momento desaparecer. Edir estava em um estado de nervosismo irreconhecível. Tinha receio de sua reação impulsiva contra os agentes da polícia. Eu mesma achei que teria um ataque cardíaco. Ele começava a ter problemas de colesterol desde que voltara ao Brasil.

As portas do avião se fecharam depois de todos os passageiros já estarem acomodados quando Edir retornou. Após longa espera, as autoridades policiais reconheceram o equívoco e autorizaram meu marido a viajar.

Também em um avião, durante outra viagem missionária, a aeromoça derramou refrigerante no colo de meu marido durante um dos voos. Percebemos a maldade feita de maneira proposital. Olhei para ela indignada, mas me calei. Restou apenas o cuidado de ajudar Edir a enxugar suas pernas. Perdi a conta das agressões sofridas nesse período de perseguição.

Edir e eu enfrentávamos tudo com serenidade, cem por cento voltados à Igreja, a cuidar da nossa família no dia a dia e, ao mesmo tempo, perplexos pelo nível de crueldade de onde partiam as agressões, sempre convictos de que a verdade viria à tona e a justiça seria feita. Nem por isso a engenharia das perversidades deixou de nos impressionar.

As reportagens fantasiosas da Globo aumentavam em seus telejornais. Diversas calúnias foram divulgadas sem que pudéssemos dar a nossa versão dos fatos, sem defesa. Fomos alvo de um bombardeio, de uma série de abusos por parte desse grupo de comunicação, até pouco tempo atrás, o dominador absoluto da informação. A intenção nunca mudou: jogar o povo contra nós insuflando a intolerância e, até mesmo, uma guerra religiosa.

Toda sua potência e grandiosidade, à época assistida por mais de noventa por cento dos lares brasileiros, foi direcionada para nos atingir. Mas a nossa família sobreviveu. A Obra de Deus se manteve de pé. Resistimos a um bombardeio que jamais ninguém suportou.

O curioso é que tudo acontecia conforme a Igreja se expandia e a Record avançava rumo ao crescimento. Hoje, nossa emissora é o segundo maior grupo de comunicação do Brasil, emprega milhares de brasileiros, tem um telejornalismo de grande audiência e com a maior credibilidade do país, e nos presenteia com produções bíblicas comoventes, como aconteceu com o sucesso de *Os Dez Mandamentos* e *A Terra Prometida.*

Foi justamente a teledramaturgia usada hoje pela Record para espalhar os valores bíblicos no Brasil e no mundo, em um período cada vez mais violento e sem amor, que serviu de manipulação para tentar destruir a Igreja.

– É isso mesmo que estou ouvindo dizer, Edir? Eles jogaram um sutiã em cima da Bíblia? Mas é a Palavra de Deus! – questionei, estarrecida.

– É um vale-tudo, Ester. Uma guerra covarde, baixa, sem escrúpulos. Querem me destruir, acabar com a Igreja, arruinar a nossa família. Mas essa guerra não é nossa – ponderava meu marido, sempre recorrendo à sua fé.

A imagem que tanto me chocou foi a cena de uma minissérie chamada *Decadência,* exibida pela Globo. Assisti à gravação, feita por um dos pastores, alguns dias depois. A trama tinha como personagem principal um pastor corrupto, adúltero e sem caráter, líder de uma Igreja de pessoas desequilibradas. Claro, era uma caricatura debochada do trabalho evangelístico de Edir como pregador. Uma sátira aos nossos valores e, acima de tudo, aos princípios da Palavra de Deus.

Eu confesso que nunca tinha visto nada igual. Particularmente para mim, cristã de berço, aquilo foi um verdadeiro escândalo. Um insulto sem tamanho. Como tratavam assim o símbolo maior da nossa fé e tudo ficava impune? Aprendi a ter como missão zelar pela santidade da Palavra de Deus. A Bíblia não é um livro de vida apenas da Universal, mas de fiéis do Evangelho no mundo inteiro. Imagine como foi para mim, e para outros milhões de cristãos, ver uma aberração daquele tamanho.

Não havia limites para as agressões.

Em meio a toda aquela avalanche de ofensas e mentiras, do princípio ao fim, da prisão e processos inventados às notícias caluniosas e o ódio sem razão, uma cena simboliza o tamanho da minha angústia. Uma imagem que nunca se apagou das minhas lembranças. Desolado, Edir se preparava no escritório para realizar mais um culto na antiga Universal do Brás, em São Paulo. Folheava a Bíblia pensativo, em silêncio, enquanto eu o observava. A meditação demorou vários minutos.

– Honestamente, não sei o que pregar para o povo. Não tenho uma palavra certa. O que faço, Ester? – perguntou-me.

Eu não tinha o que responder.

Meu marido subiu ao altar e, logo nas primeiras palavras da oração, atormentado por tanto sofrimento, não conteve as lágrimas. Praticamente não conseguiu realizar sua reunião, permanecendo praticamente o tempo todo aos prantos. Foram horas sem uma palavra sequer, apenas choro, choro e choro. A amargura de sua alma escorria pelos olhos em forma de lágrimas.

A dor de uma esposa ao ver seu marido nesse estado lastimável é impossível de traduzir.

Em alguns momentos, ele colocava o microfone em cima do púlpito para abraçar o próprio corpo. Ouvia-se de fundo somente o som do seu choro. Ele cantava sempre a mesma música, como a repetição de um clamor. A melodia foi composta por ele próprio, em meio àqueles dias nebulosos, inspirada no Salmo 69, em que Davi faz uma profecia sobre o sofrimento futuro do Senhor Jesus e o que ele mesmo viveu. A canção tocava fundo porque era o exato retrato da nossa vida naquele instante. Virou quase a súplica diária de Edir. Em cada uma de suas reuniões, a música também expressava o meu suplício.

Ela foi batizada com um nome repleto de significados: "Solidão".

Oh meu Deus, salva-me!
Porque as águas arrastam-me...
Estou cansado de clamar, os meus olhos de chorar.
De tanto esperar por Tua salvação,
eu tenho que sofrer nas mãos dos que me odeiam...

Ações criminais armadas, oficiais de justiça em casa, nossa honra sendo destruída pela imprensa, repórteres e fotógrafos perseguindo a mim e minhas filhas, traidores surgindo em nosso meio com rancor e sede de vingança, a minha dignidade de esposa jogada no lixo. O vexame diante da minha família.

O mar revolto parecia nos engolir. A sensação era de estar sendo tragada para dentro do oceano em direção às profundezas. A humilhação nos submergia. Faltava o ar. Tudo unicamente por pregar salvação e esperança. Tudo pelo nosso Deus. Mas onde Ele estaria? Se esses pensamentos surgiam à minha mente, imagino o que se passava dentro de Edir enquanto seu choro permanecia ao som da canção. Ouvi-la ainda hoje traz à minha mente as agonias de um passado sombrio:

Não me deixe só, pois eu só tenho a Ti.
Pois tenho suportado afrontas só por Ti.
Meu rosto está marcado de tanto esperar.
Oh meu Deus, salva-me!
Pois em cinzas me consumi...

Nossa força para resistir a tanto ódio beirava o limite. As lembranças de Edir me contando que sugestões de suicídio vieram à sua cabeça roubavam a minha paz. Os adversários se multiplicavam a cada dia e por todos os lados. Amigos viravam inimigos, de uma hora para outra. Seria mesmo possível um livramento ao meu marido? A fé pura e sincera que aprendemos jovens e que fez milhões alcançarem a luz nos livraria da escuridão? Deus nos abandonaria sozinhos em meio a tantas tormentas?

Meus amigos me deixaram,
estou só, desprezam-me.

Ó não me rejeites na minha velhice,
quando me faltarem forças para Te servir.
Em Ti me refugio, pois eu só tenho a Ti...

As reuniões marcadas pelas lágrimas terminavam, mas o pranto permanecia dentro do meu espírito. Não havia sequer uma pessoa capaz de nos dar uma palavra de consolo, a não ser o povo da Igreja. O abraço veio justamente de quem sofria escárnios e vergonhas na rua por professar a mesma fé que a nossa. Uma nação de homens e mulheres tementes ao Nosso Senhor.

Quem olha hoje a Universal, os milhares de templos lotados no Brasil e no mundo, os milhões de membros em todo o planeta, a importância da Record para o país, não faz a menor ideia, nem de perto, do agonizante preço que pagamos. A nova geração de membros e voluntários, os mais novos de idade e outros que não acompanharam tudo isso de perto, talvez não consiga imaginar o massacre do qual fomos vítimas. O que mais doía era saber que o nosso objetivo sempre foi e é um só: pregar a Palavra de Deus aos que sofrem neste mundo.

Mas tudo valeu a pena. Deus se lembrou de mim e do meu marido e nos honrou no Seu tempo.

Agora, é possível compreender o que significou para nós o magnífico dia da inauguração do Templo de Salomão, mais de duas décadas depois de tantas perseguições. Da presidente da República a ministros de Estado e do Judiciário, de dezenas de governadores e prefeitos a chefes de instituições policiais e das Forças Militares. Empresários de mídia, jornalistas, juízes, desembargadores, as personalidades mais influentes da sociedade. As autoridades máximas do Brasil, uma a uma, sentadas nas poltronas da Igreja Universal, respeitosamente, assistindo a um culto do meu marido.

O Deus da Bíblia não falha.

"E, se alguém me servir, o Pai o honrará."

(João 12.26)

CAPÍTULO 5

O lar nas minhas mãos

Que mulher suportaria?

Lar, doce lar. A expressão que melhor traduz aquela sensação boa de sossego ao chegar em casa não faz parte do meu dicionário. Não tenho uma residência fixa como toda mulher deseja. Tenho uma vida de nômade há quase quarenta anos, desde que decidimos servir a Deus no Altar.

Esse talvez seja um dos meus maiores sacrifícios, em particular.

A casa sempre foi para mim um espaço sagrado de convivência com quem amamos, onde a mulher reina para garantir conforto e prazer para seu marido e seus filhos. Meus pais me ensinaram isso. O lugar em que nos deliciamos com os detalhes mais simples, como escolher o objeto de decoração da sala ou a cor da parede do quarto, para proporcionar bem-estar à família. É o seu pedacinho exclusivo protegido das atrocidades do mundo.

Eu abri mão de ter uma casa fixa para viajar com meu marido ao redor do planeta atendendo às necessidades da Igreja. Quando começo a me habituar com certa cidade de tal país, logo parto para uma nova missão, com um novo lar, nova vizinhança, novo idioma, novos costumes, novos ares. Meu corpo e minha mente foram forçados a aceitar isso nas últimas décadas, embora, mais recentemente, com o avançar da idade, tenho sentido demais os efeitos dessa rotina cansativa de viagens.

Aprendi a não me apegar a nada. Ora estou no Brasil, ora nos Estados Unidos, ora na Europa, ora na África e, às vezes, até na Ásia. Isso serve para tudo: dos móveis da casa, daquele sofá confortável e da cama tão macia até o guarda-roupa, o sapato que combina com todas as peças e a bolsa prática, essencial para o dia a dia. É impossível transportar tudo de um lado para o outro, o tempo inteiro, incluindo meus pertences pessoais, mesmo que, na maioria das vezes, eu acabe convencendo Edir a me deixar levar umas malinhas a mais. Ele briga comigo na hora, mas depois acaba me compreendendo.

Os constantes deslocamentos são necessários porque meu marido supervisiona pessoalmente o trabalho evangelístico dos bispos e pastores da Universal em todos os continentes. É claro que ele conta com uma equipe em cada região do mundo para auxiliá-lo, mas faz questão de saber da condução da Igreja, em cada localidade, sob o âmbito da fé do povo. São centenas de pregadores e milhões de fiéis sob sua liderança espiritual. O zelo pela Obra de Deus o faz agir assim, e eu o admiro por isso. Por essa razão, coube a mim me adaptar a uma vida sem lar.

Também tenho as minhas obrigações que têm aumentado muito nos últimos anos. Em todos os países, faço reuniões com as esposas dos pastores e bispos ensinando, entre outras lições, os cuidados no auxílio ao marido e aos filhos, e no relacionamento delas com Deus. A mulher é uma peça decisiva para o sucesso de um pastor e, consequentemente, para conduzir as pessoas que nos procuram a uma vida de êxitos, como descrevo no capítulo "A esposa do bispo".

Tenho consciência do valor das minhas tarefas, mas isso não diminui, em nenhum milímetro, as complicações de viver assim. Sofro com essas escolhas. Não ter uma casa definida, por exemplo, exige uma vida sem rotina. Não posso planejar compromissos para uma semana sequer. Levo um cotidiano de imprevistos. Isso é extremamente terrível para nós, mulheres. Não poder marcar o tratamento em uma clínica de estética, o corte de cabelo no salão preferido ou qualquer outra atividade para uma ou duas semanas depois, é desalentador. O leitor pode não acreditar, mas até hoje não tenho um cabeleireiro próprio. As mulheres sabem bem o que isso quer dizer: pintura do cabelo no tom errado, cortes que não agradam, tratamentos impróprios para o meu cabelo. Às vezes, penso seriamente em simplesmente deixar os fios brancos florescerem.

Minha agenda para tentar visitar um familiar e até mesmo para marcar uma reunião com as mulheres é montada sempre de uma hora para outra, em decisões repentinas. Não saber se daqui alguns dias estarei ou não no mesmo lugar é duro. Sinto falta de uma vida menos agitada, mas não há opção. É a minha renúncia pelo Altar.

Chegamos a percorrer de avião milhares de quilômetros nas últimas décadas. Em um dos cálculos recentes, somada a quantidade total de voos em quase quarenta anos, é possível afirmar que já dei mais de duas vezes a volta ao mundo. Perdi a conta de em quantas nações diferentes já estive, mas calculo o total em mais de setenta. A Universal está presente em mais de cem países.

O mais cansativo mesmo é encarar as horas dentro da aeronave e os sintomas das mudanças do fuso horário. Tenho enormes dificuldades com isso.

Meu corpo sente demais quaisquer alterações desse tipo. Enfrentar quatro ou cinco horas de fuso, por exemplo, para mim, é o equivalente a sofrer um trabalho forçado na lavoura. No início da Igreja, éramos obrigados a nos hospedar em hotéis, o que piorava meu estado de saúde. Hoje, nossas estadas sempre são nas casas dos bispos e pastores, quase em sua totalidade localizadas nos próprios templos. E o carinho deles compensa toda a viagem cansativa. Normalmente dão seus próprios quartos e sempre com lençóis e toalhas novos para nos sentirmos ainda mais bem-vindos. Aliás, essa é uma cultura exclusiva da nossa Igreja, as esposas têm prazer em hospedar umas às outras. Toda vez que mudam, também costumam deixar a casa bem limpinha, com tudo novinho, com a cozinha repleta de compras e o banheiro com tudo do melhor para a chegada do novo casal. Tenho orgulho de ver tanto carinho e espírito de hospitalidade no nosso meio, como vou detalhar no capítulo "A esposa do bispo".

Em uma consulta no final de 2015, a médica me deu um puxão de orelhas.

– A senhora precisa diminuir o ritmo, não tem mais idade para viajar tanto assim, precisa cuidar de sua saúde. Há um estresse no seu organismo com tantos fusos horários – alertou a doutora.

Eu me sacrifico o tempo inteiro pelo meu marido. Também entendo isso como uma renúncia pessoal para cumprir a Obra de Deus. Mas sigo sem resistir cem por cento das decisões de Edir. Entendo meu papel de auxiliadora.

Chego a reclamar com meu marido quando ele insiste em viajar nos dias em que não estou totalmente bem de saúde. Já embarquei em voos contrariada, não me sentindo disposta, com dores no corpo e mal-estares. Fiz muitas viagens incomodada, me sentindo mal para valer, carregando calada meus desconfortos. E Edir depois se sente mal e acaba querendo me compensar de alguma forma.

Para quem não entende o papel da auxiliadora do marido, pode até pensar que ela é inferior a ele, que se anula para que ele se sobressaia. Na verdade, a auxiliadora é quem faz do seu marido o homem que ele é. Quanto mais auxilio o Edir, mais ele fica dependente de mim e me valoriza. Quanto mais eu lhe agrado, mais ele quer agradar a mim. É uma competição saudável de quem se sacrifica mais pelo outro. Não pense que meu marido não se sacrifica por mim. O que ele puder fazer para me poupar, ele faz, até mesmo de notícias ruins. Ele não gosta de me ver triste, muito menos chateada.

Tenho minhas fraquezas, mas não gosto de me expor. Não divido com ninguém. E não se trata de ter amigas íntimas para conversar assuntos dessa natureza, trocar confidências ou desabafar, pelo contrário, tenho dezenas delas, mas prefiro levar meus problemas a Deus porque sei que só Ele pode me ajudar. As amigas vão ficar com pena de mim, vão me dar uma palavra de ânimo, mas o que eu preciso mesmo é do conforto do Espírito Santo. E Ele faz isso tão bem!

Viajar para a África ou Ásia, por exemplo, são as viagens mais difíceis para mim. Não tem nada mais desgastante ao meu corpo do que enfrentar a diferença de horários para aqueles continentes. Assim que desembarco, preciso de uma semana, no mínimo, para recuperar minhas forças. Por exemplo, o fuso horário do Brasil até a África do Sul, onde costumamos nos hospedar, é de cinco horas na maior parte do ano.

Meu desconforto com as viagens mais longas já começa dentro do avião, com dores na coluna, nas pernas e no pescoço. Além do estresse dos dias que antecedem a partida, assim que chego, parece que meu corpo dá sinais de que não está no seu lugar de origem. Sinto sonolência, fadiga que não passa, falta de concentração e, às vezes, até náuseas e problemas no estômago e no intestino.

A médica me explicou que quanto mais a idade passa, menos capacidade de adaptação nós temos. Ela me ensinou a tentar me prevenir desses sintomas, pedindo para tentar me adaptar aos novos horários antes de embarcar. Dormir e comer mais tarde ou mais cedo, dependendo do lugar de destino. Mas como fazer isso se, muitas vezes, não sabemos ao certo para onde ir? A maioria das viagens sempre é decidida de uma hora para outra, quase nem tenho tempo de arrumar as malas direito.

De verdade, não são todas as mulheres que suportariam essa vida de sacrifícios.

O que ajuda a me consolar é que, quando desembarco nos países, vejo a real necessidade da nossa presença para ajudar espiritualmente aquelas pessoas, tanto os pastores e bispos como o povo em geral. Em muitas nações, uma simples palavra de Edir, dada pelo Espírito de Deus, é capaz de mudar a condição espiritual de milhões de almas. Fico feliz ao presenciar esses momentos, mesmo pagando o preço das dores no meu corpo. A gratidão do povo em cada lugar é especial para mim.

Em todos os lugares, vivo esse mesmo sentimento. Nos países latinos, como Argentina, México, Colômbia, Chile, Venezuela, Equador, entre tantos outros, somos abraçados com tanto carinho que muitas vezes nos sentimos indignos. No continente europeu, com um jeito peculiar de se comportar, mais contido, porém não menos respeitoso. Portugal, Espanha, Itália, Alemanha, Inglaterra, França, Turquia, Grécia, Suíça. E agora, nos últimos anos, com a forma acolhedora como a Igreja foi recebida nas nações do leste europeu, como a Rússia, Ucrânia, Romênia e Moldávia. Nos Estados Unidos, de uma costa a outra, da Flórida à Califórnia, há também mulheres e homens de muita fé. E os asiáticos que sempre nos surpreendem quando viajamos para lá com a expansão cada vez maior do Evangelho. Japão, Filipinas, Hong Kong.

Ao pisar em território africano, o local em que mais vivo os sofrimentos provocados pelas viagens, basta participar das primeiras reuniões para me sentir mais revigorada. Mesmo continuamente batalhando contra o mal-estar, percebo logo o calor humano e a fé de todos, principalmente das mulheres. Chegamos a morar lá em 1993, mais precisamente na África do Sul. Por um período vivemos percorrendo as principais cidades do continente, quando conhecemos ainda mais de perto os sonhos de esperança e as necessidades daquele povo tão querido.

Até hoje, quando meu marido volta à África, ele parece se sentir em casa. Acredito que ele só não retorna para lá com mais frequência em consideração às minhas dificuldades físicas. Por ele, passaríamos meses e meses pregando em cada ponto esquecido daquele continente, nos lugarejos mais remotos e complicados de se chegar, onde há multidões de sofridos, totalmente abertos a receber a Palavra de Deus. Seu sonho de evangelizar ali vem desde os tempos em que namorávamos, ainda no Rio de Janeiro. Não perdia a chance de comentar comigo sobre sua determinação de um dia conquistar almas nas cidades, vilarejos e tribos africanos.

Para mim, conviver com esse povo marcado ao longo dos séculos por uma trajetória de opressão e mazelas foi uma experiência surpreendente. Aprendi muito com eles. Nossa família iniciou do zero a Igreja na Cidade do Cabo, na África do Sul. Assim que chegamos, Edir foi enfático:

– Vamos focar nossa evangelização na população negra. Eles sabem o que é sofrimento. Eles necessitam de ajuda – ponderou, como sempre, cheio de convicção.

Foi uma época muito gostosa para toda nossa família. Edir trouxe o nosso genro Renato para cuidar do trabalho ali e o outro genro, Júlio, para aprender a língua e eventualmente continuar o trabalho. Então, depois de alguns anos longe das minhas filhas, estávamos novamente juntinhas. Todas as manhãs, Edir se reunia com a família para ler a Palavra de Deus e orar. Cristiane estava casada havia três anos e Vivi, dois. Moysés já estava com seus oito aninhos.

Eu e minhas filhas éramos as únicas obreiras nos primeiros cultos daquela cidade. Atendíamos as mulheres necessitadas, ungíamos as doentes, ouvíamos seus desabafos, orávamos com elas. As histórias de milagre se multiplicavam, muitas vezes, de uma semana para outra.

– Sumiu o caroço, dona Ester. Estou curada! – gritou uma delas, assim que me viu dentro do templo.

Os dias em que caminhei pelos bairros pobres da região, acompanhada dos meus genros e minhas filhas, distribuindo folhetos e convites para as reuniões, não vão se apagar tão cedo das minhas lembranças. A multidão disputava o pedaço de papel.

– Eu quero! Eu quero! – imploravam, em meio a um pequeno tumulto.

Muitos até avançavam sobre os carros da igreja. Outra recordação, triste nesse caso, é quando Edir perguntava durante o culto quem estava contaminado pelo vírus HIV, a Aids. Noventa por cento da igreja erguia as mãos. Ainda naquele início, tive de me acostumar com a paixão da população pela música e pela dança. Meu esposo incorporou essas características culturais à maneira como conduz as reuniões, sem nunca deixar de ensinar a viver pela fé inteligente. As roupas coloridas e os gritos entusiasmados são comuns durante os cultos.

Os membros africanos, por sua vez, também tiveram de se acostumar com a nossa presença no cotidiano deles, afinal, éramos um grupo de brancos e imigrantes pregando superação. Para a maioria, a presença de um branco em sua vida significava unicamente maus-tratos e exploração. Isso ficou em evidência na chegada da Universal ao Soweto, bairro de Johannesburgo, palco de conflitos do povo negro contra o *apartheid*, regime de segregação racial que dominou a África do Sul durante muito tempo. Nesse período, brancos e negros não se misturavam. O preconceito e a violência reinavam nas ruas. Mesmo com o fim do regime, ainda existia uma brutal rivalidade no país. A maioria da população negra era muito pobre, obrigada a morar separada dos brancos. O Soweto sempre foi o lugar deles.

Desde que nos mudamos para a África, Edir repetia que desejava abrir um templo espaçoso e confortável no coração do Soweto. Isso aconteceu em 2009, quando dez mil sul-africanos participaram da inauguração de uma catedral lindíssima da Universal.

Acompanhei meu marido no culto, claro, devidamente vestida com os trajes típicos locais.

O primeiro passo da chegada ao Soweto, porém, foi alugar um prédio velho e abandonado, com estrutura precária, em uma rua residencial do bairro. Era um lugar descuidado, com vitrais quebrados nas janelas, por onde entravam muitos pombos que sujavam o salão. O chão era forrado de cimento batido. O espaço amplo comportava duas mil pessoas, mas, em pouco tempo, começou a juntar sul-africanos do lado de fora. O som também era bem ruim. Tínhamos apenas uma caixa de som. Não havia altar.

No dia da inauguração dessa igrejinha, meu marido pregou na rua sobre um caixote de madeira recolhido de um pequeno mercado vizinho. Pela primeira vez, quem sabe, negros ouviam palavras de igualdade em nome da fé.

– Sim, vocês podem vencer. Sim, Deus ama vocês como ama os brancos. Nós estamos do lado de vocês. Diante do nosso Deus, negros e brancos são plenamente iguais – declarou Edir, ao microfone.

E dançávamos, cantávamos e orávamos, abraçados lado a lado com eles. Sorridente, meu marido fez questão de cumprimentar um por um após a reunião. Muitos passavam as mãos no cabelo dele. Alguns abaixavam o olhar como um tradicional costume de reverência ao branco.

– Não, amigo. Comigo você não precisa olhar para baixo. Erga sua cabeça, somos iguais. Estamos juntos na mesma fé – afirmava, e logo recebia um abraço fervoroso.

Eu observava tudo a poucos metros dali. Foram cenas comoventes. Era o primeiro passo. Dali em diante, a África abraçou a Universal em todo o continente. Dezenas de nações, milhares de famílias de diferentes costumes, dialetos e idiomas, sem divisões, unidas pelo espírito da liberdade.

Gênios em conflito

Eu posso falar com propriedade de família. Esposa, mãe, avó, filha. Meu casamento completará 45 anos em 2016. Não vivi todo esse tempo apenas em lua de mel, mas aprendi a superar minhas diferenças com Edir e a desfrutar hoje de uma união feliz. Apesar de enfrentar muitas lutas no dia a dia, construímos um relacionamento vitorioso.

Minhas filhas são exemplos de mulheres de Deus. Casadas, seguiram a vocação dos pais, estão realizadas em todos os aspectos. Não sou uma esposa corretíssima, perfeita, nem uma mãe de família formada só de qualidades, muito pelo contrário, mas o tempo de relacionamento com Deus me ensinou a assimilar os principais atributos de uma mulher virtuosa. Aprendizados que continuam, antes de qualquer mulher, servindo primeiro para mim.

O casamento é o princípio de tudo. Em um almoço em Portugal com a nossa neta, Vera Freitas, Edir aconselhava a querida jovem de 24 anos como encontrar o marido ideal.

– Cuide de você antes da sua beleza. O seu visual e a sua educação são importantes, claro, preserve-se para se manter com boa aparência e estude sempre, mas, sobretudo, você deve representar a mãe do seu futuro esposo.

Verinha tomou um susto. Eu apenas observava o diálogo.

– Como assim, vovô? Representar a mãe dele? O que o senhor está querendo dizer? – questionou, intrigada.

Começava ali uma inspiração que tem aberto os pensamentos de muitas mulheres e ajudado inúmeros casais a construírem uma união de mais harmonia.

– Verinha, você precisa cuidar do seu marido representando a própria mãe dele. Quer que o seu marido a ame? Que seja fiel a você? Que ele seja o seu protetor? Então, assuma o papel da mãe dele. Se fizer isso, você terá um esposo para o resto da vida. Você terá tudo dele.

Assim que compreendi o ensinamento de Edir, imediatamente decidi espalhar mensagens às mulheres da Igreja detalhando mais sobre essa tese, ao mesmo tempo tão simples e reveladora, mas que termina por passar desapercebida por todos nós.

O fundamento pode ser entendido pelo nascimento de uma criança e o desenvolvimento do ser humano ao longo da vida. A mulher cuida do homem desde o seu nascimento. Ao nascer, o homem já se apega ao seio da mãe, que lhe dá o alimento para viver e crescer saudável. Quando o homem cresce, seja na infância ou na juventude, essa necessidade continua sendo suprida por sua mãe, que diariamente prepara suas refeições e cuida do seu bem-estar geral. Com o tempo, ao se casar, inconscientemente, o homem busca uma esposa para substituir a sua mãe para obter os mesmos cuidados. E é aí que muitos casamentos fracassam: a mulher simplesmente não faz esse papel até porque, nos dias atuais, isso vai contra tudo o que elas aprenderam de suas mães.

Tenho procurado mostrar como muitas esposas não valorizam o homem ao seu lado quando deixam de cuidar dele no sentido do conforto da casa, da alimentação e de outros cuidados, muito mais do que simplesmente atendê-lo nos momentos íntimos.

As mais jovens, por exemplo, atualmente não assumem mais o papel de dona de casa com prazer. Sentem-se envergonhadas ou diminuídas em ocupar essa posição. Não significa que devem largar os estudos, o trabalho ou a carreira, mas não podem deixar de executar ou liderar as funções delas no lar. Organizar a casa, deixar a comida pronta, arrumar a roupa, esperar feliz pelo esposo no fim do dia. Isso está fora de moda hoje em dia. Muitas esposas concorrem com o marido. Disputam o melhor emprego, o maior salário, quem é o mais inteligente. E no final, sempre se dão mal no amor.

O homem pensa assim: "Minha mãe cuidou de mim, agora é a minha esposa quem vai cuidar". Essa é a expectativa dele porque deseja se sentir valorizado. Sempre procurei colocar isso em prática. Mesmo depois que melhoramos financeiramente e pudemos ter auxilio doméstico, eu mesma passo as roupas, auxilio nas refeições do Edir e fico o tempo todo de olho na saúde dele. Cuido do meu esposo o máximo que posso, mesmo em meio às minhas imperfeições. Tenho prazer em ir ao supermercado apenas para escolher pessoalmente produtos de qualidade, um a um, para oferecer o que existe de mais saudável para o meu marido e meus filhos.

Têm esposas que não dão a mínima se o marido diz que está com uma dor qualquer, por exemplo. Se ouvem reclamações de algum incômodo, geralmente mandam ele se virar sozinho. Quando o homem precisa de um afago, logo é ignorado.

Quantas são incapazes de aguardar o seu companheiro com um sorriso no fim do dia? Sempre estão amarguradas, de cara fechada, armadas para o ataque. Preferem reclamar da toalha molhada em cima da cama. Muitas têm coragem de oferecer comida congelada ao marido. Por mais que seja um prato rápido, o que a esposa coloca na mesa chega cheio de ternura, ganha um sabor especial. Jamais se esforçam para preparar um prato do jeito que o esposo aprecia.

Uma mãe não faz isso. Mãe é mãe.

A esposa que representa bem a figura da mãe dá carinho e cuida do seu marido com todas as forças. Por isso, ela nunca será trocada. Existem inúmeras mulheres no mundo, às vezes até mais formosas e sensuais do que ela, mas ela é única. Mãe é uma só. Esposa é uma só. Ambas são insubstituíveis.

– A minha criação foi exatamente assim. A minha mãe cuidava de todos os filhos, do meu pai e da casa muito bem – recorda Edir.

Meu esposo carregava essa referência marcante e desejava alguém que representasse sua mãe à altura. Fui criada da mesma maneira: para ser uma esposa que cuidasse dele do mesmo jeito que a mãe. Por essa razão, busquei melhorar e aprender em pontos que ainda não lhe agradavam no início do casamento, por mais simples que pudessem parecer. Aprendi a preparar o arroz e até o feijão preto da mesma maneira como o da minha mãe e a dele. Cheguei a orar para Deus me dar sabedoria. Edir é muito exigente com o sabor da comida.

– Apesar de já ter falecido, vejo a mamãe na Ester. O zelo dela por nossa casa e por mim me remete ao carinho e ao amor da minha mãe. É algo sublime que me conquistou – acrescenta meu marido.

A mulher, por sua vez, busca em seu esposo a figura que representa o pai. Deseja a mesma segurança que o seu pai lhe garantia quando criança e jovem, antes de sair de casa para se entregar ao seu esposo. Ela procura quem represente o papel do protetor, do provedor, de quem vai lhe assegurar a manutenção do lar. Essa é a atribuição do marido.

Portanto, para um casamento dar certo, para que uma união conjugal funcione em paz e felicidade, é preciso que homem e mulher, respectivamente, executem cada um o seu devido papel.

Eu não consigo ser feliz sem o Edir. Ele também não consegue viver sem mim. Por quê? Por causa dessa dependência mútua. Eu dependo da segurança dele e ele depende dos meus cuidados. Não abrimos mão disso. Temos um casamento feliz porque praticamos esse ensinamento em nossa vida, mesmo um sabendo dos erros do outro.

E importante: viver assim não pode ser uma imposição. Não aprendemos a representar a figura do pai e da mãe por exigência minha ou dele. Nada aconteceu por força, com cobranças, na base da obrigação. Nunca fui de impor nada a ninguém. Nisso, aliás, meu marido e eu concordamos: não aprovamos imposições. Respeitamos a liberdade de cada um, dentro da nossa família ou não. Esse é um princípio seguido à risca por nós. A própria Universal é assim. Nas reuniões, os pastores e bispos jamais impõem nada ao povo. Eles cumprem unicamente a função de alertar o certo e o errado à luz do Texto Sagrado. Quem decide o que fazer é a própria pessoa, de acordo com a sua consciência, sem imposições. Assim aconteceu em nosso casamento.

Outro cuidado que a mulher deve ter é com as palavras. Nos encontros da Igreja no Brasil ou no exterior, costumo reforçar nossa importância para influenciar os rumos de um lar. A palavra da mulher é decisiva na vida dos filhos e do marido. Quando está bem, toda a família está bem. Quando está mal, todos sofrem. Quando quer colocar uma ideia ou um sentimento no coração do marido, por exemplo, consegue.

Tenho consciência de que minhas opiniões exercem forte influência sobre Edir. Sei também que muitos conselhos já fizeram meu marido acertar em suas escolhas e decisões. Em outras vezes, sua determinação e certeza eram tão grandes que agia sozinho impulsionado pela fé. Ele me ouve quando falo, quase sempre aceita tudo. Por isso, procuro ter enorme cautela com as palavras para evitar o risco de provocar danos. Mas já errei nisso também, e quando o meu marido vê que falei algo fora do espírito, me corta logo. Ele é bem sensível às palavras e nem sempre o meu lado emotivo age com cautela. Mas graças a Deus por isso. Nossos defeitos nos levam a depender ainda mais do Espírito de Deus para obter sabedoria.

Aliás, se as mulheres têm esse poder nas mãos para construir ou destruir, logo devemos ter o máximo de cuidado ao falar. E como nos prevenir de fazer o mal? E como podemos influenciar nossos filhos e nosso esposo em sempre fazer o bem? Buscar em Deus essa capacidade e a sabedoria do Alto, portanto, isso se torna uma necessidade de toda mulher. É por essa razão que, para ser de Deus, temos de ser espiritual para, então, saber identificar uma situação desconfortável e entender como se colocar.

Busquei assimilar isso nesses anos de vida com Edir. Nunca fui muito falante, é verdade. Meu marido sempre valorizou essa minha característica. O mais importante que aprendi, por causa do temperamento dele, é como e qual o momento certo de me expressar. Até hoje é assim quando quero dizer algo: faço um rodeio, jamais uso o tom imperativo ou dou ordens. Sei que a cabeça dele está repleta de preocupações, tenho a obrigação de respeitar isso.

Quando o esposo compartilha um problema, a mulher de fé tem que procurar a palavra certa para aconselhar. E se o esposo não segue sua recomendação, ela simplesmente ora. Ela não reclama nem murmura ou fica de cara amarrada. Não provoca nem menospreza o esposo, muito menos faz comentários maldosos com o intuito de magoá-lo ou diminuí-lo. Ela deve se sacrificar com amor. Aceitar com birra, com pirraça, com raiva, não é aceitar. É não saber se submeter.

Meu marido sempre teve um temperamento forte, decidido, firme. Vez por outra, ele tinha um rompante de ira, beirando a grosseria. Ficava bravo, dava broncas de assustar qualquer mulher. Na hora, a minha vontade era responder à altura, mas eu sabia que isso não seria sábio, que só geraria um conflito maior. Como o provérbio diz: *"A resposta branda desvia o furor, mas a palavra dura suscita a ira"* (15.1).

Até hoje faço isto: respiro fundo e me calo. É fácil? Nem um pouco!

Espero passar a tempestade e, antes de falar com meu marido, oro. Peço que o Espírito Santo fale por mim e me dê sabedoria para agir. E devo dizer: funciona.

– Se o meu pai não tivesse o casamento que tem, ele não seria quem é. Minha mãe ensina valores que ela vive. Nunca tive dúvida de Deus, nem tive vontade de conhecer o mundo. Eu queria um casamento no exato modelo que meus pais sempre viveram – reflete Cristiane, que hoje, ao lado de seu marido Renato, se dedica ao Movimento Casamento Blindado.

A diferença de idade entre Edir e eu é de cinco anos. Quando nos casamos, ele tinha 26 anos e eu, 21 anos. Agimos de maneira infantil durante muito tempo, o que também provocou inúmeros conflitos. Eu me recordo, certa vez, quando tivemos uma discussão forte em casa nos primeiros anos de casados. Edir começou a falar alto, com um tom agressivo, se aproximando cada vez mais de mim. Sua irritação aumentava conforme chegava mais próximo. Sem saber como reagir, apenas falei:

– O sangue de Jesus tem poder!

Edir não resistiu e caiu no riso. A briga terminou ali mesmo.

Falhas e acertos como mãe

Minhas meninas foram responsáveis por uma das maiores alegrias e saudades dos meus 66 anos de vida. Alegria ao ver em quem se transformaram, mulheres bem casadas e completas, e saudade por terem saído de casa tão novinhas. As duas trocaram alianças no altar com apenas 17 anos. Nesse caso, a falta delas foi compensada pela felicidade de vê-las tão bem tratadas por seus maridos.

Tive uma presença ativa na infância e adolescência delas, acompanhando o crescimento, a maturidade, os conflitos e as superações de cada uma até decidirem deixar nosso lar e assumir uma família. Mesmo casadas, elas ainda me têm como conselheira para os mais distintos desafios que surgem pelo caminho. E tenho prazer em executar esse papel o tempo que for necessário. Para mim, as duas sempre serão aquelas garotinhas sapecas, graciosas, divertidas e carentes do colo da mãe. Propiciar esse afago também me faz bem.

Ao longo da criação delas, tive pontos positivos e negativos como mãe. Cometi inúmeras falhas como as que assumi algumas páginas antes, no capítulo "Diante dos meus erros". Elas não foram conscientes, aconteceram muitas vezes em decorrência da minha pouca idade ou mesmo de traços da minha personalidade. Mas errei, sim, e não tenho vergonha de reconhecer isso. Vejo como uma atitude importante para compartilhar com as mulheres minhas experiências e, assim, poder auxiliá-las na formação do caráter de um filho. Afinal, qual mãe não deseja encontrar instruções para garantir um futuro feliz para quem tanto ama?

Compartilho aqui também meus possíveis acertos que transformaram Cristiane e Viviane em quem são hoje.

Quando não tinham nem 10 anos, as duas brigavam muito, como todas as irmãs. Picuinha de criança, mas que exigia uma intervenção mais dura da minha parte. Às vezes, elas só paravam de brigar quando viam o meu chinelo. Por mais que Edir fosse o mais estourado de nós dois, eu é que tinha de fazer o papel de educá-las, já que ele não era tão presente. O interessante é que elas até já sabiam que ele era só trovoada, nunca batia, quem batia era eu.

Não que eu fizesse isso sempre, mas, vez ou outra, era necessário. Por vezes, só uma estava errada, mas eu tinha que disciplinar as duas, senão, virava outra briga em casa. Muitas vezes utilizava a ferramenta mais eficiente: os ensinamentos da Palavra de Deus. É claro que, para isso, elas tinham que estar calmas. Juntava as duas e contava a história de José. O homem que foi vendido como escravo por seus próprios irmãos por inveja e ciúmes do amor que o pai nutria por ele.

Eu me identifiquei com essa passagem desde criança, quando ela me ajudou a superar certas intrigas bobas com minhas primas e até algumas irmãs. Mostrei para Cris e Vivi como Deus não se agrada do desejo de competição e da dor de cotovelo entre as pessoas, sobretudo dentro da mesma família. A volta por cima de José, escolhido pelo Senhor para reinar sobre o Egito, deixava as meninas eufóricas. Explicava para as duas como deveriam se comportar na Casa de Deus, quietas e tranquilas, embora nem sempre desse certo. Elas viam através do meu comportamento como eu buscava ser uma mulher de temor, sincera, correta com meus princípios. Nada mais do que grãozinhos de fé lançados no espírito e na mente delas.

Apesar do tempo escasso, dedicado aos cuidados com a Igreja, Edir também procurava dar exemplos que falavam por si próprios. Todo fim de ano, ensinávamos nossos filhos a escolher e doar pessoalmente seus brinquedos e roupas às crianças menos favorecidas de comunidades carentes. Um simples gesto com uma lição nobre. Hoje, exatamente como a mãe, minhas meninas aprenderam a não se apegar a nenhum bem material nem a lugar algum como esposas de bispos.

Desde pequenas, ambas sempre tiveram temperamentos diferentes. Cris puxou a mim no seu jeito mais manso e compreensivo de ser. Vivi puxou ao pai no seu jeito mais nervoso e agitado de ser. Mesmo com perfis opostos, nunca deixaram de ser crianças comportadas e obedientes. O tempo todo estavam juntas, uma divertia a outra, isso quando as brincadeiras não acabavam em briga ou choro, e exigiam a minha intervenção imediata.

É curioso como até hoje carrego esse sentimento constante com meus filhos: a preocupação de que ainda precisam dos meus cuidados. Continuo fazendo tudo para eles com alegria e amor, como sempre fiz, mesmo já sendo adultos. Eu me recordo de como gostava de ver as meninas bem arrumadas. Levava dias seguidos para costurar vários vestidos para elas. Até hoje tenho a costura como um dos meus passatempos prediletos.

Já crescidas, cada uma ainda mantém sua maneira de ser. A Cristiane tem tendência a ouvir, é mais maleável às minhas correções. A Vivi demonstra resistência maior, precisa de um pouco mais de tempo, mas reconhece suas falhas. As duas, porém, me respeitam demais e me admiram como mãe. É uma honra ver isso em nossos filhos.

De fato, o mais importante para os pais na criação dos filhos é dar exemplos. Não existe outra forma mais eficiente de educar. Sem imposições ou agressividade, o comportamento da mãe, especialmente, é um referencial para os filhos. Isso vale para a infância, mas também para quando passam à chamada idade da razão, aquele momento em que temos a consciência do certo e do errado. Geralmente essa fase da idade acontece na entrada da adolesciência. Nesse período, é impossível fazer escolhas no lugar dos filhos. Os pais podem até ensinar, mas não conseguem obrigá-los a seguir o rumo correto.

Adotei isso em casa e funcionou. As meninas não nos deram dores de cabeça na adolescência, geralmente a fase em que, considerando-se adultas, as jovens costumam tirar o sono dos pais. O conhecido período da rebeldia foi justamente o momento em que elas se interessaram mais por Deus. Nunca fiz questão de incentivar nelas a formação universitária. Estudavam, pedia para levarem a escola a sério, mas sabia que seguiriam o caminho de servir a Deus. Esse desejo floresceu nas duas conforme se envolveram com o mundo da fé.

Com a chegada da juventude, Cris e Vivi decidiram, por conta própria, frequentar com assiduidade as reuniões, serem obreiras, buscarem suas experiências individuais com Deus. Juntamente com esse comportamento, nasceu dentro delas o sonho de construir um casamento abençoado, alicerçado no Altar.

Em nossas conversas particulares, reforçava para cada uma que, ainda que tivessem estudo fora do Brasil e toda capacidade intelectual, se não tivessem um bom marido, seriam completamente infelizes. E só havia um caminho para a realização desse objetivo: o encontro com Deus. Foi então, nessa época, ainda adolescentes, que Cristiane e Viviane optaram em seguir o mesmo caminho da mãe: dedicar a vida ao Evangelho como esposas de pastor.

Também participei, com satisfação, na ajuda da escolha do marido delas. Os dois genros são como filhões. Aprecio e amo os dois. O chamado e a espiritualidade deles estão em suas veias. O bom trabalho nas igrejas por onde passaram revela isso. Além de amarem a esposa, os dois ainda contribuíram para o crescimento espiritual delas.

O primeiro que despertou minha atenção foi o escolhido de Cristiane. Estava em uma reunião de pastores, em São Paulo, quando avistei um jovem rapaz chamado Renato Cardoso. Na hora em que o vi, pensei em Cris. Procurei saber mais sobre ele e tive ótimas recomendações de seus superiores. Comentei com ela que achava aquele moço interessante e com o perfil de homem de Deus. Poucos meses antes, sozinhas em casa, ela havia me confidenciado um desejo:

– Mãe, quero me casar com o meu primeiro namorado. Quero um rapaz moreno, inteligente, que queira ser pastor como o meu pai.

Deu certo. Renato foi o primeiro e único namorado de Cris. O namoro dos dois durou dez meses. Edir e eu queríamos que nossas filhas se casassem cedo, mas no instante em que passei a imaginar as duas longe, meu peito apertou. Quando Renato nos comunicou oficialmente que desejava casar com Cristiane, a ficha caiu.

– Perdi minha filha, Edir – lamentei para ele, com o coração apertado.

É da natureza, não tem como ser diferente: para a mãe, é como perder o seu bebê.

– Pare, Ester. Até acho que ela já está casando tarde. Quero que as meninas sejam felizes com homens de Deus – ele rebatia, com força.

Cristiane só esperou a formatura para se casar e, no ano seguinte, foi a vez da Viviane. Não havia mais jeito.

Eu mal sabia que essa saudade só iria aumentar no decorrer do tempo. Moramos longe umas das outras durante muitos anos em uma época que não havia internet e as facilidades de comunicação que existem hoje. Com o tempo, esse sentimento se transformou em uma espécie de saudade gostosa, um consolo por saber que estavam bem e felizes, ao lado do marido, fazendo a Obra de Deus.

Nos momentos que antecederam o casamento de Cristiane, procurei ao máximo estar presente no dia a dia dela. Escolhemos juntas o vestido de noiva, a música da entrada na igreja, o buquê e a decoração. Foram semanas de muito afeto. Antes da cerimônia, em casa, todas as vezes que ouvíamos juntas o tema musical, chorávamos.

O pior foi enfrentar o terremoto de agressões contra meu marido e a Igreja. Era o auge do período das perseguições. Foi um estresse seguido do outro, do começo ao fim. Casar a primeira filha sempre é uma recordação magnífica para todas as mães. Eu aguardei aquele momento com muita ansiedade, me esforçando para tudo dar certo e se tornar, de fato, uma lembrança especial para mim e toda nossa família. Entregar a filha ao esposo, na Igreja, sob as bênçãos do nosso Deus, deveria marcar um instante único de prazer, mas não foi bem isso o que aconteceu.

As ofensas e calúnias vinham de todos os lados da imprensa. O nome do meu marido era surrado diariamente na televisão e nos jornais. A pressão atingiu todos. Chegamos a receber ameaças de que prenderiam Edir na frente de Cristiane, no dia do seu casamento. Fizeram o mesmo tipo de terror em ligações para a família do Renato, ameaçando a mesma coisa.

Eu vivi tudo isso calada, como sempre agi. Só lamento não ter aproveitado ao máximo os últimos instantes da minha filha mais velha solteira devido a tanta maldade de quem nos odiava.

No dia 6 de julho de 1991, contra tudo e contra todos os nossos inimigos, Cristiane se casou. A cerimônia aconteceu na noite de sábado em um salão de festas de São Paulo, já que ali seria mais seguro, não entrariam jornalistas para bagunçar a festa. Tivemos cerca de trezentos convidados. Assim que o carro estacionou na porta do salão, já era possível ouvir os gritos de raiva de um grupo de pessoas. Aos gritos de "ladrão!", muitos xingavam palavrões e falavam grosserias. Fotógrafos e jornalistas se empurravam em volta de Cristiane e Edir, que logo conseguiram entrar no salão.

– Na hora, fiquei arrasada. Minha vontade era responder a todo mundo e pedir um pouco de consideração com o dia do meu casamento – relembra Cristiane, irritada.

Coube ao meu marido tentar acalmá-la:

– Não ligue, filha. Hoje é o seu dia.

Para evitar expor Cris ao batalhão de repórteres plantados na porta do *buffet*, fui obrigada a mudar pessoalmente o roteiro da cerimônia. Ao fim do casamento, Renato e Cristiane caminharam para o fundo do salão e, em vez de saírem para as tradicionais fotos no jardim, do lado de fora, retornaram de volta para junto dos padrinhos e rapidamente passaram a cumprimentar os convidados de mesa em mesa.

Não foi o ideal.

Na hora, pensei nessa saída para impedir que minha filha fosse mais maltratada em um dia tão marcante para ela e para nós. Como qualquer outra noiva na data do seu casamento, Cristiane tinha o direito de ser respeitada. Imagine minha tristeza como mãe ao viver essas cenas. A dor de perder Cris se somou à indignação por tanta crueldade.

Edir teve a sabedoria de nos ajudar a deixar os problemas do lado de fora do salão ao tentar acalmar todos. Pouco antes, quando meu marido entrou no salão com Cristiane, meu coração acelerou. A cada passo dos dois, Viviane soluçava em lágrimas. Ao ver a cena, os olhos de Cris também encheram-se de água. De repente, a música enguiçou e meu marido novamente tranquilizou nossa filha.

Antes de entregá-la nas mãos de Renato, Edir deu um beijo sutil em Cristiane. Não queria mais largar nossa filha. As lágrimas foram inevitáveis. Ao ver a cena do altar, também me emocionei, mas me contive. Eu já havia chorado nos seis meses anteriores àquela noite. Naquele instante, as lembranças pareciam surgir como flashes na minha mente. O lindo bebê de olhos verdes. Os aniversários. A meiguice. A cumplicidade com a irmã. A filha respeitadora.

No dia seguinte, a foto de Cris ao lado de Edir saiu nos principais jornais com o título: “Filha de Edir Macedo casa grávida aos 16 anos”. Minha filha se casou virgem aos 17 anos.

Meu choro aconteceu mesmo na hora da despedida de Cristiane, em casa. Difícil esquecer. Vivi a abraçou chorando muito. Ela não sabia mais como viver sem a irmã protetora. Moysés tinha apenas 5 anos.

Eu pensei que sofreria menos com a saída de Viviane de casa, já que se tratava da minha segunda experiência de casar uma filha. Engano puro. O coração de mãe não suportou "perder" suas duas meninas em menos de um ano.

A caminhada de Vivi rumo ao altar também foi rápida. Semelhante ao que ocorreu com Cristiane, durante uma visita à igreja em Fortaleza, no Ceará, notei um rapaz educado e simpático, com caráter de Deus, para indicar como seu futuro marido. Naquele momento, Viviane tinha terminado um namoro de três meses e não queria saber de novos relacionamentos. Mas, logo isso foi superado e Júlio Freitas e minha filha começaram a namorar, o compromisso se estendeu por um ano e um mês.

O casamento dos dois também aconteceu em São Paulo, no dia 25 de julho de 1992. Edir e Vivi caminharam sorrindo pelo tapete vermelho da igreja. Júlio estava sério, bastante tenso. No instante em que realizou a oração durante a cerimônia, meu marido não suportou. Eu também chorei no mesmo momento.

Passou um filme na minha cabeça com tantas cenas sofridas ao lado dela. A primeira imagem da bebê na maternidade. O susto da deficiência nos lábios. As séries de cirurgias. A dor insuportável de operar um recém-nascido. Os cansativos e cruéis tratamentos. A infecção da boca ao estômago. Os gritos de desespero. Uma mãe em aflição que daria tudo para socorrer sua filha. Quantas angústias!

Ao vê-la ali, linda, recuperada, sorrindo no vestido de noiva, concretizando o seu maior sonho, só fui capaz de pensar uma frase:

– Minha filha venceu. Obrigada, meu Senhor.

Hoje, Cristiane e Viviane são realizadas no amor porque encontraram homens que tinham os mesmos valores e princípios, maridos fiéis a Deus, exatamente como aconteceu comigo. É claro que, no início, ambas também viveram suas dificuldades de adaptação ao companheiro devido às suas próprias falhas de comportamento, do modo de pensar e agir.

O casamento delas foi se aperfeiçoando, pouco a pouco. Antes de se casarem, já havia feito certos aconselhamentos. Orientei as duas sobre a intimidade com o marido, a conduta delas como esposas nas responsabilidades da casa e, principalmente, a jamais deixarem de serem mulheres de oração.

No decorrer da vida a dois, novos dilemas surgiram. E me mantive e me mantenho sempre presente e de prontidão para auxiliá-las a vencerem suas barreiras no casamento. Conversas olho no olho, de mãe para filha. Foi assim com Cristiane quando, pela primeira vez, após sofrer durante muitos anos, decidiu me contar o que estava acontecendo. Eu notava o ciúme dela com o Renato, mas não entendia ao certo a causa e o porquê daquele sentimento. Um dia ela pediu para conversar.

– Mãe, o Renato não me dá atenção. Ele não sai comigo nem aos sábados. Sempre fica até tarde da noite ajudando a preparar o jornal da igreja – desabafou, na época em que se dedicavam ao trabalho espiritual em Londres.

Na hora, me recordei do meu exemplo do passado e decidi encorajá-la.

– Cris, um dia minha mãe me disse que nunca devemos reclamar do nosso marido. Jamais devemos fazer isso.

E acrescentei:

– Não fale assim dele. Você deveria ficar feliz porque ele está se dedicando a fazer algo para Deus. Quantas mulheres têm os maridos nos bares, nas ruas ou nos vícios? Seu marido está gastando o tempo dele na Obra de Deus.

Meu objetivo era reforçar dentro da minha filha o temor, a preocupação por estar se queixando do esposo por causa de uma atitude realizada para o nosso Senhor.

Cristiane me ouviu, por mais que isso lhe doesse por dentro. Minha filha sempre teve a atenção devida na família, foi difícil ela se adaptar ao jeito diferente de seu marido. Os dois se resolveram com o passar do tempo, mesmo enfrentando novas batalhas. Meu próprio genro reconheceu, mais tarde, que Cris tinha razão em certas situações e que estava disposto a mudar. Hoje, os dois podem aconselhar casais a encontrarem o caminho de uma vida feliz no amor, e é o que têm feito de uma forma tão inteligente e edificante. Agora, vejo como Deus os têm unido cada dia mais.

Com Viviane, ocorreu algo semelhante. Ela enfrentou dificuldades por ser ainda muito imatura. Assumiu as responsabilidades de um casamento e um lar com apenas 17 anos. Certa época, também passou a sentir ciúmes do marido. Praticamente, repeti minhas palavras ditas à sua irmã mais velha:

– Passe a acompanhar seu marido mais de perto, em tudo o que ele realizar. Fique mais próxima dele o máximo de tempo. E compreenda a sua ausência. Ele está trabalhando para Deus.

Há alguns anos, Vivi não me ouvia muito devido ao gênio dela, mas hoje mudou e amadureceu muito. É uma filha que me ouve, recebe meus conselhos de forma aberta, extremamente dedicada à sua fé e tem plenas condições espirituais de orientar outras mulheres.

Por todo esse cuidado, do instante em que vieram ao mundo aos dias atuais como esposas, construí uma relação de extrema cumplicidade com minhas meninas. Tento traduzir parte desse elo íntimo com dois textos de Cristiane e Viviane, que reproduzo abaixo. É uma pequena amostra das sementes que deram frutos.

Primeiro, a carinhosa mensagem de Vivi:

Uma mulher admirável

Minha mãe sempre esteve presente em minha vida. Ensinou-me princípios valiosíssimos que eu trago comigo até hoje.

Certo dia, um pastor nos visitou em casa e minha mãe deu uma de nossas bonecas para que ele pudesse presentear a própria filha. Eles eram muito humildes e não tinham condições de ter brinquedos como os que nós tínhamos. Achei aquilo intruso ou injusto e quis reclamar. Mas minha mãe sempre nos fez ver o lado bom das situações. Tem sido assim desde sempre, nos ensinando a olhar com bons olhos os demais. Sem revidar a ninguém e sempre querendo fazer o bem.

Minha mãe é uma mulher admirável, pois mesmo nos momentos mais difíceis nunca deixou que nada nos atingisse. E mesmo em situações que era inevitável, ela nos trazia tranquilidade a todo o tempo. Um ar de serenidade. Lembro-me de quando meu pai foi preso. Gritei de aflição e, mesmo perplexa, ela se manteve do meu lado, tranquila e confiante.

Sempre fui uma filha contestadora, não aceitava os seus conselhos com facilidade. Em muitos momentos, fui orgulhosa com minha mãe e ela me apontou isso. Em uma vigília, de joelhos, pedi: "Deus, eu li e meditei sobre honrar pai e mãe, mas a minha mãe disse que sou orgulhosa. E eu não consigo ver como ela me vê, Deus. Eu quero honrar a minha mãe! Eu quero! Quero ver o meu orgulho! Quero resolver isso. Porque tudo o que ela fala, eu não aceito. Eu não quero mais isso em mim. Eu quero honrá-la. E honrar é aceitar, é submeter-se". Nessa vigília chorei muito, me derramei.

Dias depois, de madrugada, passou um filme em minha cabeça e compreendi tudo, todo o meu orgulho. Pedi perdão a ela e a Deus. Depois desse dia, vou ser bem sincera, comecei a admirar minha mãe como nunca. Os meus olhos começaram a ver sua beleza e identifiquei-a com a beleza de Deus.

Ela não aparece porque ela se faz aparecer. Minha mãe é simplesmente do mesmo jeito como vejo Deus. A riqueza dela não está em ser vista pelas pessoas, pelos seus talentos, mas por quem ela se permite ser. Só quem aprecia é que é alcançado por essa riqueza, que eu digo: rara.

O seu caráter é forjado no Espírito de Deus. Uma mulher virtuosa, um exemplo a ser seguido.

Te amo, mãe!

Agora, o afetuoso texto de Cris:

A lâmpada que não se apaga

"Prova e vê que é boa a sua mercadoria; e a sua lâmpada não se apaga de noite" (Provérbios 31.18).

Muitas mulheres querem ter uma família, pertencer a um marido, dar à luz filhos e ter uma casa. Mas observo como muitas delas esquecem completamente o que queriam a partir do momento em que recebem essas coisas de Deus. Tive um exemplo de uma grande mulher de Deus na minha vida: a minha mãe.

Ela sempre apreciou e cuidou daquilo que recebeu do Senhor Deus. E a forma como ela demonstra isso é oferecendo o seu melhor para o seu marido, para os filhos e cuidando do lar. Demonstra seu amor e sua gratidão ao cozinhar carinhosamente, mas também quando arruma a casa, cuida das roupas, faz suas compras, organiza seu dia, decora a casa e investe no conforto de sua família. Essas são as suas responsabilidades e revelam o quanto ela sempre apreciou a nossa família.

Aprendi com a minha mãe que uma mulher é a lâmpada de sua casa.

Minha mãe é o tipo de mulher que gosta e sabe apreciar. Ela aprecia o meu pai, minha irmã, meu irmão e eu, os genros, os netos, nossos amigos, nosso trabalho, nosso tempo, nossa aparência, nossas casas, nossos planos, nossos sonhos e nossa fé.

Gosta de dizer: "Eu te amo", "Você é linda", "Estou com saudades". Ela nos abraça e beija o tempo todo. Sempre carinhosa até ao falar ao telefone... Sempre me chama de "Crisoca".

Minha mãe gosta de passar tempo conosco mesmo que isso signifique apenas sentar ao nosso lado no sofá e ali ficar. Ama dar presentes e eu sou um pouco mal-acostumada por isso. Uma mulher cheia de virtudes. A sua lâmpada nunca se apaga e tenho certeza de que ela aprecia de verdade toda a sua mercadoria.

Obrigada, mãe.

Te amo!

Palavras de Moysés

Ao redor do caixão, meus parentes se abraçavam em silêncio. Alguns choravam baixinho, outros olhavam consternados. A sala do velório permanecia cheia. Minha família inteira estava lá, unida, em um dos instantes mais dolorosos para mim em 2016: a perda da minha saudosa e querida mãe. Foi um consolo e tanto contar com o apoio de quem a gente tanto ama.

Antes de viajar para o velório, eu disse para o meu filho caçula, Moysés, ocupado com seus estudos e afazeres no trabalho, que não era preciso ir comigo e que compreenderia muito bem a sua ausência. Mas ele se negou a aceitar minha sugestão e estava lá, ao meu lado, pertinho de mim.

– Fiz questão de ficar próximo dela o tempo todo nesse momento difícil. Fui para mostrar à minha mãe como ela é importante para mim.

Moysés entrou na nossa família em 1985 com apenas 14 dias de vida, quando eu já era mãe de Cristiane e Viviane.

– Coloque o nome de Moisés. Coloque o nome de Moisés – repetia Edir, toda vez que, no passado, uma esposa de pastor engravidava ou quando um deles adotava um novo menino.

Meu marido insistiu na sugestão durante muito tempo, sem ser atendido.

– Por que ninguém ouve o meu pedido? – brincava.

Ele me dizia que considerava o nome do libertador do povo de Israel, protagonista de uma das mais fascinantes histórias da humanidade, um dos mais belos da Bíblia. E foi assim que sugeri para ele o batismo do nosso terceiro filho em meio a um episódio completamente imprevisível.

Estávamos em pleno culto de domingo cedo na Igreja da Abolição, no Rio, quando, de repente, uma das obreiras me chama de canto:

– Dona Ester, tem uma moça dizendo que deseja dar um bebê para o bispo.

Eu estava bem na frente do Altar, em pé, devido à grande quantidade de pessoas.

– O quê? Como assim? Dar um bebê? – questionei a obreira, sem entender o que ocorria.

Não era a hora da pregação da mensagem na reunião. A moça, aparentando não mais do que 20 anos, se aproximou e me entregou a criança recém-nascida. Tomei um susto. Decidi caminhar até o altar para explicar a Edir o que estava acontecendo. Antes, perguntei para a mãe:

– Mas você tem certeza?

– Tenho outro filho, não tenho condições. Preciso trabalhar, não tenho como cuidar dele. Preciso dar esta criança – respondeu, aflita.

Bem em frente ao púlpito, chamei meu marido.

– Edir, essa moça quer dar esse bebê para você.

Ele olhou surpreso e, no mesmo instante, reagiu:

– Quer me dar o bebê? Tem certeza?

Ele olhou o menino, passou a mão sobre a cabeça dele, pegou do meu colo e disse para a mãe da criança:

– A senhora está dando este bebê para mim? Por favor, suba aqui e explique isso diante de toda a Igreja.

– Desde que fiquei grávida, pensei em dar meu filho para vocês – ela explicou.

– A senhora sabe o que está falando? A senhora sabe quantas testemunhas existem aqui? Há duas mil pessoas ouvindo o que está afirmando além de uma multidão pela rádio.

– Sim, tenho certeza disso.

Edir olhou para mim. Eu só tive tempo de dizer:

– Apresente como Moysés. Você quer tanto esse nome. Coloca o nome de Moysés.

Em seguida, ergueu a criança sobre a cabeça e a consagrou para Deus em oração juntamente com toda a igreja.

– Nasceu agora o Moysés da Igreja Universal.

O público que acompanhava a reunião aplaudiu por alguns minutos. Nossos olhos brilhavam de alegria. Senti um certo frio na barriga. Um misto de satisfação e receio, afinal, agora era um recém-nascido sob minha responsabilidade.

A mãe o entregou apenas com a roupinha do corpo. Antes de ir embora, o amamentou mais uma vez. Chegou em casa com assaduras e usando na fralda um alfinete enferrujado. No dia seguinte, foi iniciado o processo oficial de adoção. O interessante é que nunca tínhamos pensado em adotar uma criança. Não havia essa intenção entre nós.

A família inteira ficou radiante com a chegada do Moysés. As meninas, Cristiane e Viviane, disputavam para segurar o bebê. Na primeira noite, como não havia em casa nenhuma estrutura para acolher um recém-nascido, ele dormiu em uma caixa de boneca das meninas. Cris foi a escolhida para cuidar dele durante a noite nas primeiras semanas. Ela tinha apenas 12 anos e Vivi, 10. Para as duas, foi um privilégio cuidar do irmão. Moysés era um bebê muito tranquilo, à noite quase não chorava, mas elas estavam sempre de prontidão para um afago caso fosse necessário.

A ligação entre as irmãs e o nosso Moysés sempre foi muito intensa. Quando Cris se casou, levou o irmão caçula para morar um tempo com ela nos Estados Unidos. Ele também sempre foi muito apegado a mim. Em Nova York, ainda bem pequeno, Moysés deixava a sua cama de madrugada, conseguia abrir a porta do meu quarto e se deitava do meu lado, no chão, me esperando para pegá-lo e se deitar comigo. Foi uma fase especial para todos nós. Até hoje, busco estar junto dele o máximo que posso. Sou capaz de ficar o dia inteiro fora de casa apenas para ter a companhia do meu filho.

Moysés é um rapaz verdadeiro. Para o meu marido e eu, ele é um presente de Deus que esteve e sempre estará em nossas orações, seja onde estiver e o tempo que for.

– Admiro minha mãe por levar minha foto nas reuniões da igreja para orar com as outras mães. Respeito muito isso que ela faz.

Carta aberta dos netos

Ser avó foi uma experiência prazerosa. Minha referência dessa figura terna da família era de uma senhora temente a Deus, discreta, carinhosa e o tempo inteiro disposta a doar atenção aos netos. Eu me recordo das suas conversas cheias de delicadeza, das brincadeiras, risadas e da alegria que sentia ao ver tantas crianças reunidas em sua casa. Minha avó paterna buscava ser um exemplo de mulher cristã para cada uma de nós.

Todos os meus três netos são adotivos, mas meu amor por cada um deles é o mesmo que tenho pelos meus filhos. Eles fazem parte da minha vida.

Um fato que pouquíssima gente sabe é que já sou bisavó. Meu neto Filipe Cardoso, filho adotivo de Renato e Cristiane, hoje com 23 anos, tem uma linda garotinha de 2 anos. Recentemente, passei o dia com ela em nossa casa no Templo de Salomão. Foi uma grande alegria. Sempre fui bem próxima de Filipe. Sinto apenas não ter tempo suficiente para estar mais perto dele e da minha bisneta, mas tenho certeza absoluta de que o Espírito Santo vai guiá-los e protegê-los em seus caminhos.

Meus outros dois netos são Vera e Louis. Ela tem 24 e ele 23 anos. São filhos de Viviane e Júlio e atualmente moram em São Paulo. Minha filha e meu genro obtiveram a guarda deles ainda bem crianças, mas, pouco tempo depois, a Justiça os entregou a uma família norte-americana. Vivi e Júlio sofreram muito nesse período, mas jamais perderam a perseverança em suas orações. Vera e Louis permaneceram quatorze anos longe; no entanto, ao atingirem a maioridade, por conta própria, escolheram voltar para casa.

Após viverem dias conturbados nos Estados Unidos, hoje seguem firmes a fé dos avós e se tornaram jovens muito especiais. Na realização deste livro de memórias, fui surpreendida por duas cartas deles, redigidas exclusivamente para minha biografia. A satisfação tomou conta de mim ao ler o que escreveram. Divido com os leitores cada palavra acolhedora registrada nas mensagens abaixo.

Obrigada, meus netos. Obrigada, meus amores.

Carta da neta Vera

Quando soube que iria reencontrar a minha avó, tanto tempo depois, fiquei nervosa. "Será que ela vai gostar de mim? Será que ela ainda se lembra de mim?", eram os pensamentos que me vinham, mesmo que a minha mãe me passasse segurança dizendo que ela desejava ver os netos e, sim, que se recordava de mim. O meu estômago dava voltas de nervosismo. Já havia falado com a minha avó por telefone, estávamos em Portugal e ela no Brasil, e desde que ouvi a sua voz, tive o desejo de realmente ser sua neta. A minha vovó tem uma voz calma, baixa e que transmite paz mesmo a quilômetros de distância.

Lembro que fomos juntos buscar meus avós no aeroporto. Queria ir bonita para recebê-los. Admito que estava ansiosa, as minhas mãos suavam frio, mas quando bati os olhos nela, logo me senti bem. Fiquei tão segura do amor dela por mim que imediatamente me tranquilizei. Só Deus para explicar. Vendo-a já percebi que não era nada do que imaginava e que os meus medos eram ridículos. Abracei a minha avó com ternura e não tive nenhum problema de assumir a minha posição de neta.

Não me lembro da minha avó na infância. Desde o início, eu era o xodó dela. Tenho uma simples recordação do seu rosto, mas não do afeto. Eu era muito criança quando deixei a nossa casa. Ao nos reencontrarmos, ela já sabia quem eu era, mas eu precisava conhecê-la de verdade. Ela falava de momentos e situações vividas comigo, mas eu não me lembrava de nada e isso me deixava um pouco triste e preocupada. "Eu não sou mais aquela criança", pensava. Como a garotinha Vera a conquistou, eu, como adulta, agora com 24 anos, também teria essa chance?

Essa insegurança acabou quando minha avó disse que eu não mudei nada, tenho o mesmo jeito de quando era criança. Não tive nenhum problema de querer agradar e não ser quem eu realmente sou porque ela já havia me aceitado. Aos poucos, conhecendo-a mais profundamente, a visão que eu tinha sobre o comportamento de uma avó mudou. Minha referência do papel dos avós vinha dos filmes. Eu nunca tive uma vovó só para mim. Nunca pensei que Deus me abençoaria com uma família completa!

Minha mãe fala que minha avó parece uma ovelhinha e eu concordo. Ela é uma mulher muito calma, cuidadosa e carinhosa, sempre dando beijinhos e abraços. Uma pessoa que gosta de rir, mas também aprecia servir e amar os outros, seja quem for.

Ela vive e transmite o Espírito por onde passa e o seu amor por Deus é notado em todas as ocasiões. Um exemplo de mulher em todos os aspectos. Sua confiança em Deus é constante. Ela me ensinou a sorrir por tudo o que tenho. Para mim, ela é o próprio amor, a paciência e a paz do Senhor Jesus comigo.

Vovó, a senhora é única. Quando a vejo ou apenas penso na senhora, tenho um sorriso no rosto. Eu a amo muito!

Carta do neto Louis

Minha avó não teve muito tempo comigo na infância, mas desde a primeira vez que eu a reencontrei, assim como tratou minha irmã, ela sorriu, me abraçou e disse: "Agora eu sou uma avó realizada. Eu tenho todos os meus netos".

Parece que pela minha ausência, ela não se sentia uma avó completa. Desde que voltei à minha família, não tive oportunidade de passar muito tempo ao lado dela, não morávamos no mesmo país e eu trabalhava bastante, mas os poucos contatos com ela foram marcantes.

Eu me recordo de uma conversa por telefone quando atravessava momentos muito difíceis, de maus pensamentos em relação a tudo à minha volta. Tomei a iniciativa de ligar para ela. Minha avó atendeu e calmamente me orientou, me deu a segurança de que tudo iria passar. É impressionante como me transmite essa paz que eu não sei explicar.

Temos um contato menor do que eu gostaria devido às nossas rotinas, mas percebo claramente que fica toda encantada quando está com os netos. Às vezes, eu chegava até a sentir um pouquinho de ciúmes porque queria a atenção da minha avó só para mim. Ela veio nos visitar com mais frequência depois que a minha irmã, Vera, chegou. Eu tinha de trabalhar, mas o meu querer era estar ao lado deles o tempo todo. É sempre muito bom quando estamos juntos.

Vou ser muito sincero: eu me sinto honrado em saber que sou amado por toda a nossa família e principalmente por ela. Observo uma grande diferença no ambiente familiar que eu tenho hoje se comparado aos outros com quem convivi e creio que isso vem justamente da minha avó, da sua doçura e de sua fé.

Talvez não tenho as palavras certas para expressar o que sinto neste momento pela senhora, mas gostaria que soubesse o quanto valorizo tudo o que tenho recebido. Estar ao seu lado me faz bem.

Vovó, eu te amo.

Obrigado pela sua paciência. Um grande abraço do seu neto.

CAPÍTULO 6

Edir para mim

A esposa do bispo

Minhas entrevistas aos jornalistas são raras. Procuro falar pouco para me preservar. As experiências vividas durante minha travessia de fé agora estarão registradas nas páginas deste livro, com minhas virtudes e defeitos expostos de forma aberta. Em uma dessas poucas vezes que atendi a um repórter, ele me questionou sobre a mesma dúvida de outros tantos leitores:

– Como é ser esposa de um dos maiores líderes espirituais do mundo? Qual o desafio de ser esposa do bispo Edir Macedo?

Minha resposta contraria a pergunta.

Não é um desafio, e sim uma honra para mim. Afirmo isso por poder empregar tudo o que tenho e tudo o que sou, minha capacidade, meu empenho, as minhas vivências, todas as minhas forças à disposição da Obra de Deus. Sou realizada quando ajudo na formação espiritual de tantas mulheres, no resgate da identidade e da autoestima delas, na recuperação de quem se considera perdida, seja como esposa, mãe ou filha, e até no ensino de princípios básicos da vida doméstica.

A Igreja é um ímã dos mais variados tipos de mulheres, que chegam até nós castigadas pelas perversidades do mundo. Adolescentes, adultas e até idosas se aproximam repletas de cicatrizes, desacreditadas, mal-amadas, traídas, corrompidas, viciadas, abusadas, doentes, agredidas, complexadas, atormentadas em um labirinto de dúvidas e conflitos. E todas carregam uma mesma esperança: receberem nossa mão estendida para se reencontrarem na vida. Os pastores da Universal sempre estão de braços abertos, dia e noite, são indispensáveis, é claro, mas uma palavra de mulher para mulher pode mudar tudo. Às vezes, só uma alma feminina pode assimilar o sofrimento de outra e salvá-la do abismo.

Minha função espiritual atualmente é essa. Até o começo da década passada, a participação das mulheres era mais limitada apenas às tarefas internas da Igreja e aos cuidados com o marido e os filhos. De lá para cá, Edir e eu visualizamos a prioridade e o valor de estimular a mulher a colocar a mão na massa, e os resultados são espetaculares. O próprio Espírito de Deus nos concedeu essa direção.

Eu mesma, quando estou em São Paulo e não tenho outras obrigações, atendo pessoalmente e de surpresa as mulheres antes do culto da Terapia do Amor, no Templo de Salomão, durante quase uma hora. A propósito, essa é uma das reuniões que mais admiro juntamente com a palestra para pais e filhos, ambas realizadas por meu genro Renato e minha filha Cristiane. Não perco um culto desses, mesmo se tiver que assistir via internet no exterior. Na hora dos atendimentos, apanho minha Bíblia, sento atrás de uma mesa simples e converso com uma a uma que aguarda na fila. Os problemas são múltiplos. Cada mulher, jovem ou senhora, traz uma marca de dor. Os questionamentos são variados.

– Eu não consigo conviver com minha mãe. Ela sempre me bateu e cresci com ódio dela. Tenho frequentado as reuniões, mas esse rancor não sai de mim. O que faço, dona Ester? A senhora pode orar pela minha família? – pergunta uma garota, estudante, de apenas 17 anos.

Em seguida, atendo uma advogada, profissional de sucesso.

– Trabalho muito, sou independente, ganho um ótimo salário e nunca aceitei ser sustentada por nenhum homem. Saí cedo de casa para fazer minha vida e venci. Vou completar 40 anos, mas nunca encontrei um marido para me amar. Sou infeliz quando estou sozinha. Como posso encontrar um amor de verdade?

A vez agora é de uma mãe próxima da minha idade, visivelmente abatida.

– Tenho depressão por causa do meu filho mais velho. Ele não me respeita. Meu marido troca socos com ele na minha frente. Acho que usa algum tipo de droga. Estou desesperada, pelo amor de Deus! – descarrega, aos prantos.

Em alguns casos, confesso que existe um choque pelo nível de atrocidade da história.

– Vivo com um buraco dentro de mim. Meu pai me abusou sexualmente dentro da minha própria casa durante a infância inteira. Nunca namorei nem me aproximei de nenhum homem. Também nunca contei isso para ninguém. Só uma mulher pode me ouvir. A senhora me entende, dona Ester? Preciso que alguém me ajude a sair desse inferno.

É hora de respirar fundo, ser forte, deixar a emoção de lado, usar a inteligência e transmitir a fé, única arma capaz de colocar tantas vidas no eixo. Também faço questão de ouvir cada dificuldade, sem interrupções ou intervenções descabidas, respeitando o sofrimento de quem busca socorro. Ali, naquele momento, não me importa ser a "esposa do bispo", mas alguém usada por Deus para comprar a briga daquelas pessoas.

Surge, então, outro vasto desafio sobre o qual tenho me debruçado nos últimos anos ao lado do meu marido. O primeiro pelotão de choque a acolher essas mulheres, no *front* e de modo mais profundo, são as esposas dos pastores. Esse exército, portanto, precisa estar preparado para executar essa missão tão importante e complexa de tratar espiritualmente essa gente. Isso acontece no Brasil e em outras dezenas de países; afinal, nosso trabalho de fé não tem fronteiras. Em qualquer continente, guardados os devidos costumes e aspectos culturais locais, o sofrimento é o mesmo. As mulheres nos procuram vazias dos mesmos tipos de necessidade.

Temos milhares de esposas de pastores espalhadas em mais de cem países, das mais diferentes nacionalidades, que são orientadas diretamente por responsáveis de cada nação com o apoio do conteúdo das minhas reuniões. Esteja onde estiver acompanhando a viagem missionária de Edir, dedico um tempo para falar às mulheres. Os encontros são exibidos em videoconferência, ao vivo, ou gravados para serem estudados nos lugares mais distantes em razão dos fusos horários.

Busco ensinar o real papel da esposa de pastor. Sua espiritualidade é fundamental para que as demais mulheres confiem nela para se aconselharem ou desabafarem seus problemas. Explico a todas o valor de meditarem na Bíblia continuamente, mesmo com várias ocupações. Edir costuma dizer, como se fosse uma espécie de regra, que não importa o que fazemos na Igreja, mas o que somos para Deus.

Como podemos ajudar os outros se não temos a inspiração da Palavra de Deus? Faço isso desde jovem e continuo fielmente com o mesmo hábito nos dias de hoje. Sempre leio muito a Bíblia, sozinha, seja pela manhã ou à noite, assim que encontro um tempo vago. De tanto que a minha filha me via lendo a Bíblia, ela sugeriu que eu fizesse um blog com posts diários de versículos que leio, então, surgiu o fonteajorrar.com. Através dele, fico feliz de estar mais perto das pessoas através de comentários carinhosos em cada post. Esse meu conhecimento também tem ajudado muito Edir a relembrar de fatos bíblicos, muitas vezes fundamentais nas decisões espirituais da Igreja. Isso acontece em nosso dia a dia com muita frequência.

Dou o meu exemplo para explicar às mulheres o valor de se dedicar à meditação constante da Palavra de Deus. Tenho um empenho maior com as mais jovens, moças recém-casadas, a maioria de boa índole e cheias de vontade, mas ainda sem maturidade suficiente para assumir tamanha responsabilidade. Grande parte, às vezes, ainda enfrenta batalhas pessoais.

– Vocês precisam ensinar as mulheres casadas, membros da Igreja, a olharem para o marido com amor, ternura e consideração, mesmo que ele não seja convertido. Isso serve também para cada uma de nós, esposas de pastores, não importa a sua idade. Olhar o companheiro como se fosse o próprio Senhor Jesus. Fazer tudo para ele como se estivesse fazendo para Deus – orientei, em uma das reuniões retransmitidas direto dos Estados Unidos.

Os frutos são gratificantes.

Por onde viajo, entre uma estadia e outra, alguém geralmente comenta que foi beneficiada com o aprendizado. Muitas mulheres contam que venceram o orgulho, deixaram de ser relapsas em casa, passaram a viver mais próximas do marido, pararam de ser reclamonas.

– Aquele versículo mencionado pela senhora abriu meus olhos. Falou forte comigo e me mostrou como posso mudar. Um versículo apenas – comentou, há pouco tempo, a esposa de um dos bispos antigos da Igreja.

É uma escola da fé, de fato.

Edir costuma dizer:

– Verdadeiramente, Ester, você é a mãe da Igreja Universal.

Também é assim que me sinto, mesmo sem merecer. Não imagino minha vida de outra maneira. Sei que sou uma privilegiada.

Para manter um bom relacionamento com as mulheres dos pastores, sigo o exemplo do meu marido. Uma das coisas que mais me impressiona em Edir é a maneira como ele é considerado pelos demais colegas de púlpito em qualquer parte do planeta. A autoridade dele não é imposta, foi conquistada por sua história, por tudo o que construiu à base de muito suor e crença nas promessas de Deus. Pregadores europeus, africanos ou latinos, muitos mesmo sem nunca terem pisado no Brasil, admiram a presença de Edir. É uma reverência genuína observada por quem está mais próximo e, talvez, desconhecida do grande público.

Esse respeito não transforma meu marido em um líder religioso orgulhoso e mandão. Pelo contrário, me surpreende a maneira como Edir trata os pastores de igual para igual. Ele não abre mão da disciplina, do rigor moral, evidentemente, mas tem prazer na companhia de homens e mulheres que, como nós, dedicam suas vidas a resgatar os aflitos.

Nosso rol de amizades é formado exclusivamente por gente ligada à Igreja. Fazemos questão de tratá-los bem. Quando recebo um deles em casa, por exemplo, largo tudo o que estou fazendo para oferecer o melhor tratamento. Gosto de receber bem quem se hospeda em nosso lar. Amo receber convidados em nossa casa. Quando um pastor ou bispo chega de viagem, transferido pela Igreja ou apenas para permanecer alguns dias em reunião conosco, logo me ofereço para passar suas roupas. Também tenho prazer em levar nossos amigos para conhecerem a cidade, seja onde estivermos naquele período.

Faço isso tudo com bom humor, jamais ando de cara amarrada. Edir fica concentrado no escritório lendo a Bíblia, ouvindo a voz de Deus, preocupado em como ensinar as pessoas. Ele é tão focado na responsabilidade de liderar o povo de Deus que permanece nesse seu cantinho por horas e horas seguidas. Meu marido pensa como as escrituras: *"Dar-vos-ei pastores segundo o Meu coração, que vos apascentem com conhecimento e com inteligência"* (Jeremias 3.15). A minha parte, no mínimo, é tratar com gentileza quem nos visita.

Também sou recebida com hospitalidade onde quer que chegamos. Um sorriso o tempo todo nos aguarda em qualquer parte do mundo. Sempre reservam para nós um quarto próprio, decorado, cheiroso, com lençóis e toalhas novos. Flores frescas ficam espalhadas em alguns ambientes da casa. Não medem esforços para nos tratar com carinho, há uma imensa vontade de nos agradar em tudo. É uma recepção muito melhor que a maioria dos hotéis de luxo. Não sou recebida assim nem na casa de parentes. Por isso, também aprecio muito essas mulheres. Como já disse, considero--as minhas irmãs de verdade.

Esse suporte especial às mulheres da Igreja, ao qual me dedico, foi intensificado mais recentemente, desde 2010, com o surgimento do projeto Godllywood, idealizado por minha filha Cristiane. Sentíamos a necessidade de ajudar as mulheres da Igreja a serem mulheres de Deus. Nosso principal objetivo é levar as jovens, em especial, a se tornarem moças exemplares e avessas às influências e imposições do mundo, em especial de Hollywood. Daí o nome: *God*, que significa Deus em inglês.

Nas atividades dos grupos, divididos por faixas etárias, a intenção é desenvolver na mulher diferentes talentos capazes de transformá-la em uma pessoa melhor. Esposa, filha, profissional, solteira, namorada, noiva, mãe, neta, amiga, prima. A proposta é ensinar e influenciar todas, seja qual for a idade, a agirem de acordo com a Bíblia. São orientações e tarefas que estimulam o lado criativo, a independência, o cuidado com a aparência e até os laços de amizade com outras mulheres de fé, mas o principal mesmo é o desenvolvimento espiritual – esse é nítido nas mulheres que fazem parte do Godllywood.

Hoje, ensinamos até crianças com menos de 14 anos os primeiros passos de uma vida correta, dos princípios cristãos, até os fundamentos elementares para cuidar de uma casa, como arrumar a cama e o guarda-roupa, lavar a louça ou cozinhar. É o Godllywood School. O experimento tem sido um sucesso. Os pais das turmas já formadas notam a diferença na forma de pensar e agir das meninas.

Também faço reuniões periódicas com as integrantes jovens e adultas do Godllywood. A maioria delas ocorre, em média, com dez mil presentes no Templo de Salomão, com transmissão simultânea para todas as capitais brasileiras e outras cidades do mundo.

Diante de tantas responsabilidades, tenho algo a admitir: muitas vezes me sinto impotente para realizar tudo com excelência. Eu queria ter mais tempo para atender a todas as mulheres. Eu queria ter condições de estar mais próxima. Eu queria fazer mais.

O homem que ninguém vê

Antes do bispo, meu marido é para mim Edir Macedo Bezerra. A convivência durante tanto tempo me fez descobrir um homem pouco conhecido por muita gente. Alguém com um jeito de viver simples e caseiro, raramente visto fora da nossa privacidade. Dentro de casa, com a família ou entre os colegas da Igreja, fora do Altar, ele é uma pessoa comum, amiga, sem nenhum tipo de hábito arrogante e caloroso com quem se aproxima dele.

Uma particularidade de Edir, por exemplo, é ser um bom anfitrião. Faz questão de receber bem todos os que nos visitam, sejam pessoas próximas da nossa família ou não. Abre a porta para as visitas, recebe cada uma e se despede levando-as até a saída. Quando estamos em apartamento nos prédios, geralmente nas igrejas em que moramos, só se recolhe quando a porta do elevador fecha.

Desde recém-casada, ele me pedia atenção com o trato com quem recebemos em casa. Eu já tinha essa prática enraizada com a educação dos meus pais, mas meu marido reforçou isso em mim. O café, a água, o sorriso e a cordialidade em geral devem ser nossas obrigações, por isso, não abrimos mão de orientar assim as moças que nos auxiliam na arrumação do lar.

Também vejo esse comportamento acentuado nele quando recebemos visitantes no Templo de Salomão, inaugurado há dois anos. Como já é conhecido em todo Brasil e no exterior, o Templo é uma réplica do santuário original construído há três mil anos pelo rei Salomão em Jerusalém e que virou um marco na paisagem de São Paulo. Mas o seu significado vai muito além.

Por muito tempo, Jerusalém, a Cidade Santa, espalhou a sua glória pelo mundo ao abrigar o antigo Templo de Salomão. Mas hoje, apenas com as ruínas do muro que antes envolvia a Casa de Deus, é impossível viver as experiências de fé proporcionadas um dia pelo Templo. Por esse motivo, creio que a construção do Templo de Salomão no Brasil foi um sonho que o Altíssimo realizou para a Universal.

Dia após dia, durante os quatro anos de construção no bairro simples do Brás, esse sonho foi se transformando em realidade. À medida que tudo ganhava forma, cada elemento sagrado colocado no devido lugar, pensávamos no grande dia em que as portas da Casa de Deus seriam abertas. Milhares de pessoas viriam de todas as partes do mundo para ali adorarem ao Único e Verdadeiro Deus.

Eu e meu marido acompanhamos a obra nos seus mínimos detalhes. Da pedra fundamental às pilastras de sustentação, das luminárias ao tecido das poltronas, das pedras da fachada ao revestimento da Arca da Aliança. Tudo foi escolhido minuciosamente por mim e por Edir. Sempre com consideração, cuidado, carinho e temor. Vivi essa fase muito feliz. Mesmo morando em um apartamento confortável, em um condomínio fechado na zona sul de São Paulo, optei por mudar para o bairro do Brás pela chance de ouro de residir no Templo de Salomão durante o tempo em que estamos de passagem pelo Brasil.

Eu me envolvi dia e noite com a construção. Visitei a obra, sozinha ou com o meu marido, durante meses seguidos. Orientava pessoalmente arquitetos e decoradores para executarem o melhor, com zelo por cada pedacinho do Templo. Estava realizada por fazer essas tarefas tão nobres na Casa de Deus. Mesmo enfrentando dificuldades com minha saúde, empenhei-me ao máximo.

Eu tinha dores de cabeça fortes e dificuldades de respiração naquele período, causadas pelas seguidas viagens de avião ao redor do mundo. Mas minhas forças se renovavam ali. Foi um privilégio para mim.

Nossas expectativas aumentavam conforme o dia da inauguração se aproximava. Não tínhamos outro assunto em casa. Edir e eu perguntávamos sobre o evento tão esperado de manhã e à noite. Quatro anos de construção para aquele momento especial. Era uma verdadeira contagem regressiva.

Foi com essa expectativa enraizada dentro de nós que no dia 31 de julho de 2014, às oito horas da noite, o sonho da inauguração se concretizou.

Edir e eu fizemos a recepção às mais importantes autoridades do Brasil. Como já relatei, presidente, vice-presidente, governadores, prefeitos, deputados, senadores e ministros de Estado. Embaixadores, juízes, promotores, procuradores e os principais chefes das polícias brasileiras e representantes do alto escalão das Forças Armadas. E ainda: os mais renomados empresários, integrantes da comunidade judaica, jornalistas, artistas, apresentadores, dirigentes e proprietários das maiores emissoras de televisão e rádio do país. O povo, sobretudo, ocupava um espaço especial e exclusivo para abrilhantar o local.

Além de ajudar na organização do evento, minha participação foi de recepcionar as mulheres que chegavam ao lado dos homens públicos – outra responsabilidade e tanto.

A forma cordial de receber as pessoas, traço tão marcante da personalidade de Edir, foi um pedido constante dele para toda a equipe organizadora do evento. E tudo deu certo. O Espírito Santo dirigiu cada detalhe daquela noite inesquecível. O dia que ficou marcado como a entrega do presente do Senhor ao mundo: um novo Templo para manifestar Sua glória e assim erguer pessoas para uma nova vida.

No final da cerimônia, todos saíram felizes elogiando o modo como foram tratados e acolhidos. Não havia como organizarmos sozinhos toda aquela solenidade. Por isso, é preciso registrar o enorme empenho do casal Núbia e Domingos Siqueira, que liderou o grande exército de homens e mulheres de Deus na organização do evento de inauguração. Eles não mediram esforços para acertar em todos os detalhes daquela festa.

Exatamente um ano depois da grande inauguração, em uma manhã fria de segunda-feira, meu marido e eu recepcionamos Silvio Santos no Templo de Salomão acompanhado de sua esposa, Íris, e sua filha caçula. Os dois não se viam havia dezessete anos, mas conversaram como se já se falassem todos esses anos. Nós, as mulheres, falávamos pouco, já que a conversa deles dominava aquele momento. Admiro meu marido, ainda mais, quando o vejo aproveitando essas oportunidades para compartilhar a sua fé, seja com quem for, famoso ou não famoso, pastor, membro ou ateu. Quando Edir começa a falar da fé, ele se empolga tanto que é capaz de conversar por horas.

– Eu sou prova viva de que Deus existe, Silvio. Nada disso seria possível se não fosse a direção dEle. Cem por cento. Toda honra e glória a Ele. Nós somos apenas instrumentos para a realização da vontade dEle. O mais importante é que esse Templo vai ficar para sempre para levar as pessoas a refletirem sobre a grandeza de Deus – afirmou meu marido.

Mãos dadas para sempre

Uma das lições mais ricas que aprendi desde a minha conversão à fé no Deus de Israel é sempre olhar para a frente. Vivo intensamente o presente, lutando pela causa do Evangelho, buscando ser a esposa ideal para o meu marido e uma mãe protetora e conselheira, tentando a cada dia vencer meus defeitos, como qualquer mulher comum, sem me preocupar com os fatos reservados para o dia de amanhã.

O futuro está nas mãos do meu Senhor. Tive que me adaptar a não fazer planos e a confiar que Ele vai prover de alguma forma. Ainda não conquistei tudo o que gostaria. Mantenho minha confiança em Deus de que um dia ainda verei com os meus olhos a vitória que tanto almejo.

Tento cuidar da minha saúde e restringir a alimentação para viver mais e melhor. Não é uma tarefa fácil. Falho muito nisso. Tenho enorme dificuldade para emagrecer. Perder peso na minha idade realmente é mais complicado do que quando eu tinha 20 ou 30 anos. As dietas parecem não fazer o mesmo efeito e, quando fazem, sou eu que não consigo mantê-las.

Além das alterações hormonais, o metabolismo do meu organismo mudou. Quer dizer, continuo comendo com 66 anos o mesmo tanto que comia aos 40, mas engordo mais. A batalha é difícil. Para piorar, não gosto de academia. Não gosto de suor. Tenho dificuldades para me exercitar. Raramente faço caminhadas na esteira. Edir é o oposto de mim nisso. Por mais que não goste de exercícios, ele é assíduo nisso e sempre diz: "Vou cumprir minha obrigação com o meu corpo". Meu marido sempre me incentiva a fazer o mesmo e eu, muitas vezes, o acompanho na academia, mas, se ele não for, você não vai me ver lá.

De certa maneira, já estou com a idade avançada. Tenho que redobrar o cuidado com coisas que não me preocupavam antes, como calçar sapatos de salto alto. Praticamente não os uso mais porque não tenho o mesmo senso de equilíbrio de uma jovem. O risco de cair é grande e um acidente hoje em dia pode me machucar bastante. Foi o que aconteceu comigo recentemente. Quando me vi, estava de cara no chão. Meu rosto ficou inchado, roxo, como se eu tivesse passado por uma cirurgia séria. Minha filha Cristiane mandou tirar todos os tapetes da sala, contra a minha vontade. Por um lado, sei que todos querem o meu bem, mas, pelo outro, não é fácil saber que a idade pode te limitar tanto.

O meu *hobby* favorito é costurar. Vivo procurando alguma roupa para consertar e, por mudar de peso muitas vezes ao ano, acabo aproveitando para apertar ou alargar as roupas. Não sou muito de assistir à televisão, a não ser o *Jornal da Record* e as novelas bíblicas. Edir é mais chegado a filmes do que eu. Então, quando estamos fora do Brasil e tem um filme bom no cinema, ele me leva para assistir. Se não tem ação o tempo inteiro, é capaz de eu cochilar um pouco e ele só fica rindo. Não temos uma vida social muito ativa, ficamos a maior parte do tempo entre casa e igreja. Não somos de ir a restaurantes, mas, às vezes, para nos distrair um pouquinho, saímos com amigos. No fundo, preferimos comer em casa.

Outro *hobby* que eu tenho irrita um pouco Edir. Gosto de trocar a posição dos móveis na decoração da casa, o que geralmente provoca alguns atritos, como vou contar algumas linhas adiante. Tenho mania de limpeza. Para mim, a casa precisa estar o tempo inteiro um brilho. Sou alérgica a pó, uso vários tipos de cremes para a pele e o rosto, quando estou no Brasil gosto de ir à massagem para reduzir o inchaço do corpo, aprecio estar bem-arrumada e, para contrariar a má fama das mulheres no trânsito, capricho quando estou ao volante do carro.

Essa sou eu, Ester. Minha vida como um livro aberto. Uma mulher exatamente igual às demais.

Faltou, claro, o mais importante: cuido do meu interior, de manter o meu espírito em comunhão com o Altíssimo. A salvação da minha alma é e sempre será a minha prioridade acima de todas as coisas.

Abaixo do meu relacionamento com Deus, dedico atenção absoluta ao meu marido. Nem poderia ser diferente, afinal, é o que a Bíblia ensina à mulher. Vivo colada com Edir vinte e quatro horas por dia, trezentos e sessenta e cinco dias por ano. Ainda mais depois que nossas filhas se casaram, estamos juntos todo o tempo, enfrentando também nossas diferenças no dia a dia. Quando somos obrigados a ficar distantes, sentimos um vazio. Costumo me manter ao lado dele, às vezes, sem falar nada, só pertinho.

Nós dependemos um do outro como dependemos de Deus.

Se Edir necessita sair sozinho para algum culto, tudo costuma dar errado. Ele confunde o caminho, esquece anotações, se atrapalha com alguma coisa. Fica feliz apenas por eu estar próxima dele. Outro dia, ele marcou uma reunião no Rio de Janeiro, mas não pude acompanhá-lo porque fui surpreendida por um imprevisto. Renato e Cristiane acabaram viajando junto e notaram Edir cabisbaixo, mal-humorado, bastante tempo em silêncio.

– Minha sogra supre tudo para ele. O bispo Macedo não é igual a muitos homens que chegam a uma idade e se cansam da esposa. Ele é muito vinculado à dona Ester. Vejo isso no meu casamento. Quanto mais o tempo passa, mais grudados ficamos um no outro. É algo bonito e não muito comum nos relacionamentos do mundo. É o que realmente Deus planejou para o homem e a mulher – observa Renato.

– Dona Ester sabe o que ele está pensando apenas pelo olhar. Um consegue antecipar o que o outro deseja. Ela é uma mulher mansa, que se doa e não cansa de fazer o bem, jamais. Vejo mansidão em suas atitudes. Ela compreende os jeitos diferentes do esposo, das filhas e dos genros, e torce por nós. É o ponto de equilíbrio do bispo. Ele não dá um passo sequer longe dela – complementa Júlio, o meu outro genro.

Quando sou obrigada a ir ao supermercado, ao dentista ou a algum tratamento médico, aquelas horas que passo longe de Edir me incomodam. Ao se preparar para pregar, estou ao seu lado para arrumar o colarinho da camisa e ajustar a gravata. Ele comenta as minhas roupas. Nós estamos juntos na hora da refeição, nas viagens missionárias, na Igreja, nos raros passeios. Fica tranquilo só em saber que estou lá acompanhando as suas palestras. Eu o observo. Eu o admiro. Aprecio seu trabalho, sua dedicação, sua garra. É uma sensação de parceria plena.

É bem verdade que muitas vezes viver tão próximo assim pode provocar alguns pequenos conflitos. Eu sou apaixonada em decorar as casas, arrumar os objetos de enfeite, os quadros e os móveis. Não estudei arquitetura nem decoração, mas aprendi a aproveitar melhor os espaços. Dou opiniões, converso com decoradores e consigo me aprimorar nessa área a cada ano. Gosto muito de porta-retratos com fotos da família espalhados pelos cômodos. Gosto de manter os ambientes elegantes e harmoniosos para receber as visitas ou mesmo para nos sentirmos bem. Geralmente, estendo essa arrumação para as estantes e a mesa do escritório de Edir, o que gera nele certo incômodo.

– Poxa, Ester, preciso de espaço na minha mesa de trabalho. Para que esses retratos no lugar dos meus livros? Preciso de facilidade para pegar o que eu quero. Você pode transformar a casa inteira, mas me deixe mexer no escritório – reclama sempre.

Cuidadosamente, tento argumentar que se trata apenas de uma tentativa de tornar o lugar mais bonito, mas nunca dá certo. Às vezes, ele até autoriza uma mudança ou outra. Na maior parte das situações, a solução é recuar desfazendo minha decoração. Assim que esquece, no entanto, damos um jeitinho de deixar tudo no melhor lugar. No fundo, Edir já aceitou que em casa eu sou a rainha e ele acaba cedendo às minhas vontades. Se fôssemos fazer a vontade dele, seria uma casa com pouquíssima decoração, bastante espaços vazios e nada de cortinas. Ele gosta de ver o sol entrar em nosso lar. O sofá seria "estilo de vovô": conforto nota dez, beleza nota zero.

Mesma situação com o ar-condicionado. Eu sinto calor com facilidade, já estou na idade de mudanças no meu organismo. Mesmo antes de toda essa mudança, eu já era mais calorenta que ele. Já Edir sente frio com facilidade, já está na idade em que o corpo dói no primeiro vento que bate. E o que fazer? Liga e desliga o aparelho. Abre e fecha a janela. Puxa e empurra a porta das sacadas. Parece um cabo de guerra, mas no final sempre nos entendemos. O que mais me aborrece, porém, é quando Edir me chama de gorda. Fico arrasada, mesmo sabendo que ele tem razão em me cobrar para cuidar mais da minha saúde.

Descontrações à parte, somos muito apegados. Isso desde cedo nos tempos de namoro. Eu me entreguei para Edir quando ele não era ninguém, ou seja, quando não tinha praticamente nada a me oferecer, com exceção do seu bem mais precioso: o Espírito.

– Minha mãe é paciente. A fé dela é estável, constante, o que a transforma nessa mulher equilibrada e de confiança – reflete Cristiane.

– O casamento deles me mostrou Deus. A minha referência de lar vem do meu pai e da minha mãe. Eu desejei um casamento que espelhasse exatamente o que vivem. Muito unidos, extremamente próximos, um valorizando o outro com respeito – conclui Viviane.

Aprendi a interpretar determinados comportamentos do meu marido como demonstração de carinho em função de sua personalidade. Edir não é um homem meloso, que repete "meu amor" o dia inteiro ou escreve bilhetinhos românticos ao sair para trabalhar. Ele demonstra seu afeto, entre outras formas de agir, me desejando perto com vontade, me dando importância, revelando sua dependência de mim. Muitas vezes, fala "eu te amo" com um simples gesto de acariciar meu abraço ou apertar a minha mão com ternura. É como se estivesse soletrando cada sílaba dessa declaração de amor. Depois de um tempo, aprendi a parar de esperar que ele fosse como os homens românticos do cinema e comecei a apreciá-lo da maneira como ele é. Meu marido não é um homem romântico segundo os padrões do mundo, mas, com esse seu jeito, me faz sentir a mulher mais amada de todas.

É meu companheiro que tem uma maneira própria de amar, bem diferente do modo convencional da maioria dos homens.

Honestamente, não vejo Edir com nenhuma outra mulher. Outra esposa provavelmente não compreenderia esse gênio forte bastante peculiar dele e, ao mesmo tempo, a sua forma de transmitir afeto à parceira. Talvez não teria capacidade emocional suficiente para suportar tantas batalhas e obstáculos duríssimos como enfrentei. Situações de aflição em que uma palavra negativa ou uma atitude errada poderiam colocar tudo a perder.

– Eu buscava a mulher adequada quando estava solteiro. Alguém forte, capaz de suportar tantas adversidades comigo, que me desse apoio em tudo e nunca desistisse dos nossos ideais, uma mulher que não fosse me enfraquecer. Deus sabia o que iria acontecer comigo, por isso, colocou Ester do meu lado – reflete meu marido.

– Meu pai sem a minha mãe não seria o meu pai. Ele não teria conseguido fazer tudo o que fez. A importância dela para a Igreja Universal é enorme, mais importante do que as pessoas imaginam – define Cristiane.

Edir reconhece e até já afirmou isso publicamente várias vezes como forma de reconhecimento. Eu me sinto feliz quando ele me elogia durante as reuniões. Que mulher não preza uma palavra positiva do seu amado?

– Dona Ester, o bispo falou tão bonito da senhora hoje na reunião. Nunca vi isso. Queria tanto que meu marido fosse assim – comentam, bem-humoradas e encantadas, muitas esposas.

Reconheço que a condição para tudo isso, em primeiro lugar, vem de Deus, mas ouvir meu companheiro expressar o que pensa de forma elogiosa me faz sentir importante, valorizada e me impulsiona a ser cada vez mais uma mulher totalmente dedicada a ele.

Essa dependência de Edir por mim tem sido cada vez mais intensa nos últimos anos, conforme nossa idade avança, o que redobra meu empenho para atendê-lo com maior zelo, ternura e, digamos assim, eficiência. Não quero desapontá-lo em nada. Nem nas atitudes nem nas minhas reações. A mulher que maltrata, nega carinho ou deixa de cuidar do seu marido, está rejeitando o que Deus deu para ela. Quando era solteira, implorava nas minhas orações por um parceiro fiel, de caráter, temente a Deus, e Ele me deu. Meu casamento é um presente divino, por isso, devo aproveitá-lo e preservá-lo até o meu último dia de vida.

Edir Macedo Bezerra é o marido que eu pedi a Deus.

Exatamente como desejei. Sou sua fã número um. Vibro com tudo o que faz. Todas as virtudes que estimo em um homem estão nele: coragem, correção, fidelidade, determinação, bom pai, bom filho e, acima de tudo, o que mais me encanta: a paixão pelas almas – sentimento de fé que me contagiou e transformou a minha história. Somos amantes, somos amigos, somos cúmplices, nós dois somos um. Acredito existir um lugar onde a mulher pode ser considerada rainha: ao lado do seu marido. E Edir me faz sentir assim todos os dias.

Uma noite recente, sozinhos em nosso quarto, Edir desabafou algo que traduz com exatidão o que vivemos:

– Ester, eu não sei o que vai ser de mim se você morrer.

Eu só fui capaz de responder:

– Edir, eu não sei o que vai ser de mim se você morrer.

Não temos medo da morte. Nossa vida está sacrificada no Altar desde que tivemos um encontro com Deus. A salvação eterna é uma promessa bíblica para os que aceitam e vivem essa fé. Mas a ausência de um e de outro permanece. A minha falta para ele não terminará. A falta dele para mim será para sempre.

Esse é o verdadeiro amor que vem da fé.

Hoje, 45 anos depois, pensando em nosso casamento, sei que eu não escolhi Edir, nem ele me escolheu. Foi uma escolha de Deus. Não existe uma explicação humana para compreender como fomos unidos.

O primeiro olhar. Eu nunca havia reparado nele. A negação de Edir ao me ver pela primeira vez e, tanto tempo depois, o seu encanto por mim. Por que precisei ter aulas de matemática justamente quando ele estava disposto a ensinar? Como minha família lembrou dele como professor particular?

A beleza da discrição. Como meu jeito acanhado atraiu um jovem ousado? De que forma ele foi fisgado por um atributo não tão admirado pelos homens?

O conflito de gênios já como namorados. A luta para vencer tantas barreiras e aspectos totalmente divergentes de nossa personalidade. Duas criações contrárias, dois egos distintos. Diferenças e individualidades que agora se completam.

O fim dos noivados passados. Nossos relacionamentos terminaram aparentemente por razões corriqueiras. Eu não estava interessada em iniciar outra relação. Lutávamos contra feridas quase cicatrizadas no campo afetivo desejando encontrar a pessoa adequada.

A inesquecível noite no cinema. Parecíamos conhecidos de uma data tão distante... Era como se estivéssemos contando os dias e os minutos para chegar àquele instante supremo. A peça que faltava encaixar.

Já casados, o que caminhava para nos desunir gerou ainda mais ligação e cumplicidade. A falta de dinheiro, casa e, às vezes, até de comida. As contas na ponta do lápis dentro do banheiro. Lugares simples para morar, mas enriquecidos com muito carinho e respeito.

A rejeição dos que nunca acreditaram em Edir. Os obstáculos do derrotismo. Um pregador da Palavra de Deus sufocado. A tristeza de uma esposa convertida em honra ao lado do marido.

O nascimento de Viviane. Como o defeito físico de uma criança despertou uma sucessão de tantas conquistas? Cirurgias, tratamentos, médicos. Agonias sem fim. O sofrimento recompensado por uma atitude de fé.

As lutas nos primeiros passos da Igreja. Coreto, funerária, programas de tevê, estádios, viagens, isolamento, a vida sem um lar fixo. Pedra por pedra de uma difícil construção.

Os ataques contra a minha família. Mentiras, humilhações, insultos, covardias. O absurdo da prisão tem marcas expostas até hoje. O extermínio, dado como certo, fracassou.

Em cada momento desses, um elo jamais se rompeu. Uma cena de quase meio século atrás ganhou um significado esplêndido. A felicidade incomum de Edir na cerimônia do casamento foi registrada pelas fotos. Todos comentam até hoje o sorriso que não saía dos seus lábios, do começo ao fim daquela noite. Um noivo radiante, uma noiva realizada.

A alegria estampada em nosso rosto não era simplesmente pelo juramento olho no olho, diante da cruz, mas por vivermos uma experiência maior que talvez não tínhamos a dimensão exata do que representava. Era o próprio Espírito Santo nos unindo para construir uma nação com milhões de filhos chamada Igreja Universal do Reino de Deus.

Um projeto espiritual nasceu ali em nossa aliança no altar. O ponto de partida para uma grande obra que resgataria homens e mulheres, das mais diferentes etnias, culturas e idiomas, por todos os cantos do mundo.

"Foi-me bom ter sido afligido, para que aprendesse os Teus Estatutos."

(Salmos 119.71)

Este livro foi composto em ITC New Baskerville Std e impresso
pela RR Donnelley para a Editora Planeta do Brasil em Agosto de 2016.